ASTRA
HAMBURG

KATHARINA CHARPIAN
LISA VAN HOUTEM
ANNA WEILBERG

Hamburg for Women only

—

HERAUSGEGEBEN VON NICOLE ADLER

Brandstätter

Mit Fotografien von

Pelle Buys

u. a.

—

Grafikdesign

Mitra Farahmand und Christine Fischer

INHALT

HAMBURG HAT ALLES

Eine sympathische Schnörkellosigkeit und eine Direktheit, ohne Umwege auf den Punkt zu kommen zeichnen die Stadt und ihre Bewohnerinnen aus. Hier trifft Neues auf Bewährtes, Hochkultur auf Gegenkultur. Hamburg hat alles: Großstadtflair, eine Hafencity, vornehme Villenvororte und moderne Coolness. Eine Gastronomie von euphorisierendem Einfallsreichtum, ein Rotlichtviertel, das zugleich auch Partymeile ist, famose Parks und Grünflächen, die raue Elbe, die sich zur charmanten Alster gesellt und ein Klima, das einem den Kopf freibläst.

Dieser City-Guide von Frauen für Frauen will Lust darauf machen, die Hansestadt auch einmal aus anderen Perspektiven zu sehen und für sich zu entdecken. Dazu gibt es Insidertipps von Frauen, die Hamburgs Stadtleben prägen und mitgestalten und die hier verraten, was ihre Lieblingsplätze sind. Angefangen von Design- und Modestores mit Liebe zum Handwerk und nordischem Flair über das vegane Frühstückscafé ums Eck, schummrige Kiezkneipen und Schickimicki-Clubs oder junge Galerien und Street-Art-Murals bis zu Schauplätzen abseits des urbanen Trubels. Denn *Hamburg for Women only* weiß, wo im Frühling die schönsten Apfel- und Kirschbäume in voller Blüte stehen, die Schwäne zwischen den Segelschiffen treiben und Jogging zum morgendlichen Vergnügen wird.

Das großartige *Hamburg for Women only*-Autorinnenteam, die Journalistinnen und Hamburg-Insiderinnen Katharina Charpian, Lisa van Houtem und Anna Weilberg, schreibt normalerweise für Hochglanzmagazine und sein Online-Girlpower-Zine femtastics.com. Mit Stilsicherheit, nordischer Gelassenheit und einem Augenzwinkern führen die drei an Orte, an denen sich die Stadt neu erfindet, zuweilen auch die Perspektive wechselt oder einfach nur das Leben feiert und gute Laune bereitet.

In diesem Sinn – viel Vergnügen!

Nicole Adler

forWOMENonly.eu

Mode & Shopping

DIE STADT HAT MEHR ZU BIETEN ALS NORDISCHES UNDERSTATEMENT. HAMBURGS MODELABELS SIND SO UNTERSCHIEDLICH WIE SEINE VIERTEL: VON HIP-HOP BIS HIGH FASHION.

„*HAMBURG IST DAS TOR ZUR WELT.* Aber eben nur das Tor." Mit diesen Worten schickte die Mutter von Hamburgs wohl berühmtestem Designer ihren Sohn Karl Lagerfeld im Alter von 14 Jahren nach Paris. Hamburgs Modefans sind nicht nachtragend, im Gegenteil. Sie freuen sich, dass der Hamburger Jung zum ultimativen Superstar der Modewelt geworden ist. Neben King Karl zählt auch die „Queen of Less", Jil Sander, zu den spannendsten Modepersönlichkeiten der Hansestadt. Heidemarie Jiline Sander eröffnete 1968 ihre erste Boutique an der Pöseldorfer Milchstraße und ist auch knapp 50 Jahre später immer noch für ihre puristischen Schnitte weltweit bekannt.

Den internationalen Designolymp hat seitdem kein Hamburger Designer mehr erklommen. Aus gutem Grund: Die neue Designszene jagt weniger dem schnellen Modekarussell hinterher, produziert lieber lokal mit hohem qualitativem Anspruch und wächst im Kleinen, ohne die große internationale Fashion-Karriere zu verfolgen. Das Tolle: Die Designer bleiben ihrer Stadt treu und ziehen die Hauptstadt Berlin nur selten Hamburg vor. Und es tut sich immer mehr: Pop-up-Stores, Modefestivals und Panels sorgen für frischen Wind und einen zeitgemäßen Umgang mit Mode, Konsum und Nachhaltigkeit. Statt Konkurrenzdenken gibt es Zusammenhalt und Unterstützung. Designer teilen sich Ateliers, tauschen Erfahrungen aus und tun sich für Stores zusammen (z.B. *Kleine Freiheit No 1).* Jüngstes Beispiel ist die Neue Botschaft Hamburg, in der PR-Consultant Melanie-Jasmin Jeske zweimal im Jahr Pressetage für die lokalen Designer initiiert und so den Auftritt der hiesigen Modemacher in der verlagsstarken Stadt stärkt.

Die Stile der Hamburger Designer sind dabei so unterschiedlich wie Hamburgs Viertel, von Hip-Hop-Looks bis High Fashion, von Strick bis Seide ist alles dabei. Erst aus den Einzelteilen entsteht, wie bei einem Puzzle, das große Ganze, der Hamburger Stil. Ein gemeinsamer Nenner ist der Fokus auf Nachhaltigkeit: Das Designerduo hinter dem Label Lies in Layers produziert seine feminine Streetwear lokal in Altona, der Schmuckdesigner *Jonathan Johnson* aus der Neustadt nutzt recyceltes Gold und Sterlingsilber für seine auch mal provozierenden Kreationen, und Designerin und Surf-Fan Mareen Burk kreiert ethische Bademode, die deutschlandweit gefragt ist. Im Luxussegment sorgen gerade zwei Brands für nationalen und internationalen Applaus: Hinter dem Taschenlabel *Stiebich & Rieth* steckt das Designerpärchen Julia Rieth und Detlef Stiebich, das sich zuvor bei Wunderkind und Bogner

austobte und jetzt von Hand genähte Taschen designt. *Xenia Bous* hat in der Vergangenheit Schmuck für weltweit erfolgreiche Labels wie Valentino und Emilio Pucci kreiert – als Standort für ihr eigenes Label entschied sie sich bewusst für Hamburg. Die beste Newcomerin ist zurzeit Tanja Glissmann, die zuvor bei Lala Berlin gearbeitet hat. Sie interpretiert für ihr Label Black Velvet Circus Sixties- und Seventies-Schnitte neu und setzt mit Klettstreifen und Stickereien Statements – kaufen kann man ihre Kreationen zum Beispiel im *Mili Store* in Eppendorf.

Die Shopwelt ist mindestens genauso spannend wie die Designszene. Keine andere Stadt beherbergt so viele traditionsreiche und mit It-Pieces-bestückte Luxusboutiquen wie Hamburg. *Anita Hass, Petra Teufel, Linette* und *Unger* kleiden schon seit Jahrzehnten sowohl Fashion-Fans als auch gut betuchte Bewohnerinnen und Bewohner der Hamburger Elbvororte ein. Ganz neu dabei: der Multi-Brand-Store *Uzwei,* vergleichbar mit dem Berliner The Store im Soho House – hier gibt es nicht nur Designermode, sondern auch Blumen, Beauty und ein Deli. Die Luxusmeile Neuer Wall setzt auf internationale Flagship-Stores – von *Chanel* über Louis Vuitton bis zu Hermès.

Fernab der Innenstadt lohnt es sich immer, auf Entdeckungstour durch die Concept-Stores und kleinen Boutiquen in Stadtteilen wie Ottensen, Eppendorf, Eimsbüttel und der Sternschanze zu bummeln. Hier gibt es neben lokalen Designs vor allem skandinavische Brands und europäische Trendlabels. Man muss nur wissen, wo man sie findet, die Hamburger Perlen. — KATHARINA CHARPIAN

MODESHOPS

ALTONA

Allike

In einem ehemaligen Fotostudio befindet sich das Sneaker-Mekka Hamburgs. Bei Allike zieren nicht nur die angesagtesten Modelle von Nike, Adidas & Vans die riesige Sneakerwand, an den Stangen hängt auch Streetwear von Wood Wood, Henrik Vibskov, Norse Projects und Soulland. Auch Jungs werden hier happy!
Virchowstraße 2, Tel.: 040/67 38 17 80, www.allikestore.com, Öffnungszeiten: Mo–Fr 13–19 Uhr, Sa 11–17 Uhr

EIMSBÜTTEL

Purple Pink

Er hat in Hamburg als einer der Ersten den Fokus auf skandinavische Mode gelegt – Shopbesitzer Dachar Sontoung ordert jede Saison neue potenzielle Lieblingsstücke in Kopenhagen. Mit dabei: Stine Goya, Wood Wood, Carin Wester, Baum & Pferdgarten und Ganni. Außerdem Schmuck von Maria Black und Vibe Harsløf.
Weidenallee 21, Tel.: 040/43 21 53 79, www.purple-pink.de, Öffnungszeiten: Mo–Fr 11–19 Uhr, Sa 11–17 Uhr

PURPLE PINK

Vater & Sohn

Auf Geschenkesuche für den Freund, Mann, Sohn oder Papa? Dann ist Vater & Sohn eine von Hamburgs Topadressen. Hochwertige, traditionell gefertigte Produkte, von der Ledergeldbörse bis zum Rasierwasser, sind im Store mit rustikalem Interieur zu haben.
Eppendorfer Weg 54, Tel.: 040/30 22 52 66, www.vaterundsohn-hamburg.com, Öffnungszeiten: Mo–Fr 11–19 Uhr, Sa 11–16 Uhr

EPPENDORF

Anita Hass

Top!

Anita Hass ist Kult, schon seit den Siebzigerjahren macht die Boutique in Hamburg Modeträume wahr. Auf den Tischen reihen sich Céline Trio Bags neben Mansur Gavriel Bucket Bags, an den Stangen hängen Kleider von Isabel Marant und Lala Berlin, und im rosafarbenen Schuhregal treffen Boots von Chloé auf Acne Sneakers. Beauty von L:A Bruket, Nuori und Marvis sowie Interior-Accessoires machen die drei nebeneinanderliegenden Stores zur Erlebniswelt für Mode-Lover!
Eppendorfer Landstraße 60, Tel.: 040/46 09 52 22, www.anitahass.com, Öffnungszeiten: Mo–Fr 10–19 Uhr, Sa 11–18 Uhr

Hello Love

Der kunterbunte Concept-Store Hello Love versprüht sofort gute Laune, sobald man ihn betritt. Hier trifft Mode von Rika, Redirection und Custommade auf Kleinkram von Meri Meri, Kissen und Tapeten von Silken Favours und Korbwaren von Yonder Living. We love!
Eppendorfer Weg 283, Tel.: 040/33 45 09 33, www.shop-hellolove.de, Öffnungszeiten: Mo–Fr 11–19 Uhr, Sa 11–16 Uhr

ANITA HASS

Linette
Shopbesitzerin Sue Giers gehört zu den spannendsten Modemenschen Hamburgs. Sie ist Brand Ambassador von Closed und verkauft in ihren beiden Linette-Stores in Eppendorf und Othmarschen High Fashion von Marni, Chloé, Miu Miu, Diane von Fürstenberg und vielen weiteren Designerlabels, die sie persönlich auf den internationalen Fashion Weeks ordert.
Eppendorfer Baum 19; außerdem Waitzstraße 2–4, Tel.: 040/460 49 63, www.linette.de, Öffnungszeiten: Mo–Fr 10–19 Uhr, Sa 10–18 Uhr

Top!

Mili
Hinter Mili steckt ein isländisches Mutter-Tochter-Gespann. Das Duo verkauft in stilsicherer Atmosphäre Lieblingsstücke von skandinavischen Brands wie Ganni, Wood Wood und Designers Remix, Kreationen von deutschen Labels wie Malaikaraiss und Black Velvet Circus, Schmuck von Jane Kønig und Maria Black, Papeterie von Navucko und Nagellack von Uslu Airlines. Schön!
Klosterallee 110, Tel.: 040/18 05 59 76, www.mili-store.com, Öffnungszeiten: Mo–Mi & Fr 11–18 Uhr, Do 11–19 Uhr, Sa 11–16 Uhr

Swoon
In dem kleinen Concept-Store mit Fuchs-Logo findet man Kleidung von Won Hundred, Samsøe & Samsøe und Stine Goya, Sonnenbrillen von R.T.CO, Nagellacke von Fnug, Vasen von Broste Copenhagen und hübsche Coffee Table Books. Perfekt für das Hamburger Schietwetter: die Regenmäntel von Rains!
Eppendorfer Weg 283, Tel.: 040/46 00 99 77, www.swoonhamburg.de, Öffnungszeiten: Di–Fr 11–19 Uhr, Sa 11–16 Uhr

Vau
Angesagte Labels treffen bei Vau auf gefragte Trendpieces. Neben Brillen von Ace & Tate sowie Lunettes und Schmuck von Sabrina Dehoff und Elizabeth & James gibt es hier Denim von MiH, Kerzen von Upwined Candles und Beauty von L:A Brucket.
Hegestraße 44, Tel.: 040/41 30 53 60, www.vau-hh.de, Öffnungszeiten: Mo–Fr 11–19 Uhr, Sa 11–17 Uhr

Von Haase
Kleine, feine Boutique mit Brands aus England, Holland, Belgien, Frankreich und Deutschland – ausgewählt von Shopbesitzerin Anu Haase, die zuvor als Kostümbildnerin gearbeitet hat.
Lehmweg 47, Tel.: 040/43 21 34 38, www.vonhaase.de, Öffnungszeiten: Mo–Fr 11–19 Uhr, Sa 11–16 Uhr

MILI

INNENSTADT

Acne Studios

Auch in Hamburg sind die Schweden mit ihren minimalistischen Designs zu Hause – im Schwarz-Weiß-Look mit hübschem Marmorboden, großer Fensterfront und direkt auf der Bleichenbrücke.
Bleichenbrücke 10, Tel.: 040/63 60 75 33, www.acnestudios.com, Öffnungszeiten: Mo–Sa 10–19 Uhr

Alsterhaus/Contemporary Fashion

Das Alsterhaus ist das bekannteste Warenhaus Hamburgs. Besonders interessant für Fashion-Freunde: der „Contemporary Fashion"-Bereich im zweiten Stock. Hier hängen einige Labels, die man sonst in Hamburg kaum findet wie Sandro, Maje, The Kooples und Joseph.
Jungfernstieg 16–20, Tel.: 040/359 01-0, www.alsterhaus.de, Öffnungszeiten: Mo–Sa 10–20 Uhr

Animal Tracks

Etwas versteckt, im Souterrain, liegt der Streetwear- & Urban-Fashion-Store Animal Tracks in den hübschen Colonnaden. Eine sehr gute Sneakers-Auswahl trifft auf Labels wie Wood Wood, Libertine-Libertine, Carhartt und Kerbholz.
Colonnaden 5, Tel.: 040/35 71 87 83, www.animaltracks.de, Öffnungszeiten: Mo–Sa 11–20 Uhr

Apropos

„Sex and the City"-Feeling kommt auf, wenn man diesen Concept-Store betritt. In einem traditionell hanseatischen Stilaltbau findet man auf 500 Quadratmetern viele Designerstücke von Céline bis Charlotte Olympia, von Isabel Marant bis Manolo Blahnik.
Neuer Jungfernstieg 16, Tel.: 040/28 00 87 75-0, www.apropos-store.com, Öffnungszeiten: Mo–Sa 10–19 Uhr

Chanel

Ein Chanel-Store darf in Karl Lagerfelds Heimatstadt natürlich nicht fehlen. Direkt auf der Luxuseinkaufsstraße Neuer Wall können die Prêt-à-porter-Kollektionen und -Accessoires geshoppt werden. Die Einrichtung ist von Coco Chanels Apartment in Paris inspiriert.
Neuer Wall 75, Tel.: 040/50 03 91 90, www.chanel.com, Öffnungszeiten: Mo–Fr 10–19 Uhr, Sa 10–18 Uhr

Petra Teufel

Seit über 25 Jahren gibt es den Store Petra Teufel, der zu den High-Fashion-Instanzen Hamburgs gehört. Balenciaga, Céline, Isabel Marant, Dries van Noten, Alexander Wang und IRO sind nur einige der Brands, die dort an den Stangen hängen.
Hohe Bleichen 13; außerdem Eppendorfer Landstraße 36, Tel.: 040/378 61 60, www.petrateufel.de, Öffnungszeiten: Mo–Fr 10–19 Uhr, Sa 11–18 Uhr

CHANEL

Unger

Unger gehört zu den bekanntesten Multi-Brand-Stores für Luxusmode in Hamburg und hat erst vor ein paar Jahren den 125. Geburtstag gefeiert. Auf 1.000 Quadratmetern gibt es Designerteile von Stella McCartney, Victoria Beckham, Armani, Iris von Arnim, Burberry, Etro und viele mehr.

Neuer Wall 35, Tel.: 040/33 44 70, www.unger-fashion.com, Öffnungszeiten: Mi–Fr 9–19 Uhr, Sa 10–18 Uhr

Uzwei

Top!

Uzwei nennt sich selbst Editorial Store und ist wie ein modernes Magazin aufgebaut, mit Mode-, Beauty und Schmuck-Departments, einem Flower-Shop und dem Deli, einem Café mit gesunden Snacks. Neben vielen angesagten Fashion-Brands gibt es hier auch Stella McCartneys ersten Shop-in-Shop Deutschlands.

Kaisergalerie, Große Bleichen 23–27, Tel.: 040/350 17 12-0, www.uzwei.de, Öffnungszeiten: Mo–Sa 10–19 Uhr

WEITER AUF SEITE 20 →

Sandro Paris Outlet

Eineinhalb Flugstunden ist Hamburg von Paris entfernt. Wer den Pariser Chic schneller sein Eigen nennen will, macht einfach einen Kurztrip zu Sandro Paris in der Hamburger City und lässt sich von den modernen, französischen Looks inspirieren.

Poststraße 36, Tel.: 040/35 71 89 47, www.sandro-paris.com, Öffnungszeiten: Mo–Sa 10–19 Uhr

Thomas-i-Punkt

Auf mehreren Stockwerken trifft bei Thomas-i-Punkt Streetwear auf urbane Styles. Im Untergeschoss sind die Sneakers zu Hause, und im dritten Stock warten Brands wie Stutterheim, American Vintage, Comme des Garçons und das hauseigene Label Omen auf neue Trägerinnen.

Mönckeberstraße 21, Tel.: 040/32 71 72, www.thomasipunkt.de, Öffnungszeiten: Mo–Sa 10–20 Uhr

UZWEI

Iris von Arnim

Modedesignerin

Der Hamburger Stil ist …

… zurückgenommen, edel und authentisch. Man verändert seine Werte nicht, nur weil der Wind etwas dreht. Es ist ein Stil, der never out of fashion ist.

Wie hat sich die Hamburger Modeszene über die Jahre verändert?

Hamburg steht eher für Zeitlosigkeit und Understatement. Qualität spielt eine große Rolle, aber keine schreienden Logos. Als ich in den Siebzigern nach Hamburg zog, war die Stadt noch experimenteller: Viele Kreative und verschiedene Nationalitäten, die aufeinandertrafen. Die Hamburger sind angenehm unaufgeregt und lassen sich auf Neues ein, geben einem den Raum, mitzumachen oder auch nicht, das schätze ich bis heute. Ich mag das Hanseatische sehr.

Wo gehen Sie gerne shoppen?

Kaufrausch ist ein wunderbares kleines Eppendorfer Kaufhaus, in dem man eine bunte Vielfalt an Produkten findet – von lustigen Wohnaccessoires bis zu edlen Dessous. Eine Shoppingtour in die Innenstadt lohnt sich allein wegen des Multilabel-Stores *Uzwei*. Neben coolen Luxuslabels und Kosmetika von Niche Beauty gibt es auch ein Deli und einen Floristen. Inspirierend ist, dass jede Woche die neuesten Trends in der Store-Deko aufgegriffen werden.

Was sind Ihre Lieblingsplätze in der Stadt?

Ein schöner Aussichtspunkt ist der Altonaer Balkon. Mich beeindruckt immer wieder die 200 Jahre alte Städtearchitektur am Hamburger Hafen. Im Wechselspiel des Alten mit dem Neuen wird die Hafencity erst spannend. Empfehlenswert ist eine *Führung durch die Baustelle der Elbphilharmonie* – das Treppensteigen lohnt sich!

Kaufrausch – Isestraße 74, Eppendorf / *Uzwei* – Große Bleichen 23–27, Innenstadt / *Führung durch die Baustelle der Elbphilharmonie* –Hafencity: www.elbphilharmonie.de

Urban Outfitters

Die großen orangefarbenen Leuchtbuchstaben im Fenster von Urban Outfitters sind am Gänsemarkt kaum zu übersehen. Auf zwei Stockwerke sind Fashion, Bücher und witziger Kleinkram verteilt, vom Boho-Kleidchen bis zur Lomography-Kamera.

Gänsemarkt 45, Tel.: 040/32 80 78 84, www.urbanoutfitters.com, Öffnungszeiten: Mo–Sa 10–20 Uhr

& Other Stories

Einer der fotogensten Stores in der Hamburger Innenstadt ist & Other Stories am Neuen Wall. Auf zwei Ebenen kann man die Trendteile, Schuhe und Beauty-Kollektionen der Schweden shoppen. Sneakers von Nike und Beauty von L:A Brucket sind auch vertreten.

Neuer Wall 20, Tel.: 040/50 03 22 51, www.stories.com, Öffnungszeiten: Mo–Sa 10–20 Uhr

KLEIDEREI

Ein Hamburger Projekt, das seinesgleichen sucht und bereits über die Stadtgrenzen hinaus bekannt ist, ist die Kleiderei. Hinter dem Sharing-Projekt stecken Pola Fendel und Thekla Wilkening. Ganz nach dem Motto „Stil hast du, Kleider leihst du" kann man bei den Powerfrauen wie in einer Bibliothek off- und online Kleidung leihen und nach einer Weile ganz einfach retournieren. Neben vielen Vintageteilen sind auch Stücke von Hamburger Labels wie Musswessels, Jan 'n June und Lies in Layers leihbar.
www.kleiderei.com

KAROVIERTEL

Bluesleeve

Für Japanfans! Neben Kleidung von Comme des Garçons und Yohji Yamamoto gibt es hier auch Keramik von Michiko Shida und japanische Stoffe für die nächsten DIY-Projekte.
Marktstraße 100, Tel.: 040/46 63 44 92, www.bluesleeve.de, Öffnungszeiten: Mo–Fr 11–19 Uhr, Sa 10–18 Uhr

Glore

„Be green in any colour you like" ist das Motto vom Glore Store, dem Hamburger Hotspot für nachhaltige Mode. Mit dabei: Kleidung und Accessoires von Armedangels, Zebratod, Nudie Jeans, Kuyichi, Sneakers von Veja, Kidswear von Minirodini sowie Beauty von Dr. Bronner und Stop The Water While Using Me.
Marktstraße 31, Tel.: 040/35 77 76 50, www.glore.de, Öffnungszeiten: Mo–Sa 11–19 Uhr

Glory Hole

Hier stehen sie alle – die neuesten Kollaborationen, Limited Editions und Farbausführungen der großen Sneaker-Brands. Im Plexiglasregal teilen sich Turnschuhe von Adidas, Nike, New Balance, Reebok und Puma die Aufmerksamkeit. On top gibt's Rucksäcke von Herschel und Uhren von G-Shock.
Marktstraße 145, Tel.: 040/31 81 12 22, www.gloryholeshop.com, Öffnungszeiten: Mo–Sa 11–19 Uhr

GLORY HOLE

Maison Suneve

Maison Suneve ist made in Hamburg und zwar von dem Designerpärchen Katherina Czemper und Matthieu Voirin. Hier trifft nordischer Minimalismus auf überraschende Muster und Tücher mit fotorealistischen Prints.
Marktstraße 1, Tel.: 0177/671 17 39, www.maison-suneve.com, Öffnungszeiten: Di–Sa 12–19 Uhr

OTTENSEN

Adler Altona

Ob Hipster, Dandy oder Lumberjack – mit einem Mitbringsel aus der Herrenboutique Adler Altona macht man so ziemlich jeden Mann happy. Christian Adler kuratiert seine Auswahl gekonnt: Lederbälle aus New Jersey, Schals aus Berlin, Gin aus Hamburg, Hosen aus Italien und Lederaccessoires aus Dänemark.
Bei der Reitbahn 3, Tel.: 040/39 90 80 16, www.adler-altona.de, Öffnungszeiten: Mo–Fr 11–19 Uhr, Sa 11–17 Uhr

Fkids are older

Ein bisschen boho, ein bisschen gypsy – willkommen bei Fkids are older. Shopbesitzerin Doreen Glowania ordert ihre Teile in Frankreich, Amsterdam und England. Besonders toll: Ponchos mit außergewöhnlichen Aztekenmustern und Kristallketten in den schönsten Pastelltönen.
Ottensener Hauptstraße 37; außerdem Schanzenstraße 51, Tel.: 040/76 99 43 18, www.fkids-shop.de, Öffnungszeiten: Mo–Fr 11–19 Uhr, Sa 11–17 Uhr

Goldig

Romantisch und detailverliebt geht's im Goldig Shop von Schauspielerin Anna Angelina Wolfers zu. Erschwingliche skandinavische, spanische und englische Labels wie Ichi, Vila und Nümph sind bei ihr zu Hause.
Große Rainstraße 13; außerdem Marktstraße 143, Tel.: 040/39 80 67 10, www.annas-goldig.de, Öffnungszeiten: Mo–Sa 11–19 Uhr

L'Éphémère

Très français sieht es bei L'Éphémère in Ottensen aus. Die Französin Emilie Nowotny verkauft Labels aus ihrem Heimatland. Ganz vorne dabei: das feminine Label Sessùn.
Bei der Reitbahn 3, Tel.: 040/39 19 08 80, www.lephemere.de, Öffnungszeiten: Mo–Fr 11–19 Uhr, Sa 11–17 Uhr

ST. PAULI

ambacherVIDIC

Ein Brautkleid made in Hamburg? Oh ja! Das Designerduo Eleni Vidic und Jochen Ambacher kombiniert moderne Schnitte mit Couture-Elementen – vom bodenlangen Kleid mit sportivem Rückenausschnitt bis hin zum Blouson aus Seidenorganza.
Lange Straße 9, Tel.: 040/98 26 29 04, www.ambachervidic.de, Termine nach Vereinbarung

Kleine Freiheit No 1

Die Kleine Freiheit No 1 ist ein Zusammenschluss lokaler Designer Hamburgs, wird als Showroom, Laden und Atelierfläche genutzt und ist immer in Veränderung. Infos zu aktuellen Projekten und Veranstaltungen gibt es auf Facebook: www.facebook.com/Kleine-Freiheit-No-1.
Kleine Freiheit 1, Tel.: 040/65 04 66 01, www.kleinefreiheit1.de, Öffnungszeiten: Di, Mi & Fr 13–19 Uhr, Do 14–20 Uhr, Sa 12–18 Uhr

Musswessels

In dem von außen gekachelten Laden mitten auf St. Pauli schneidert die Designerin Kathrin Musswessels feminine Mode gepaart mit minimalistischen Schnitten und besonderen Prints. Neben ihren eigenen Kollektionen verkauft sie auch ausgewählte Vintagestücke.
Clemens-Schultz-Straße 2, Tel.: 040/75 60 14 33, www.musswessels.org, Öffnungszeiten: Mo–Fr 12–19 Uhr, Sa 11–18 Uhr

MUSSWESSELS

MODEBLOGS AUS HAMBURG

Um immer auf dem Laufenden zu bleiben, was nicht nur Hamburger, sondern auch internationale Modetrends angeht, hilft ein Blick auf folgende Blogs:

STYLESHIVER
www.styleshiver.com

KUNSTKINDER MAGAZIN
www.kunstkinder-mag.de

VICKY WANKA
www.vickywanka.com

OHH COUTURE
www.ohhcouture.com

I ♥PONYS MAGAZINE
www.iloveponysmag.com

STERNSCHANZE

Edited

Direkt bei der S-Bahn-Station Sternschanze hat Edited seinen ersten Flagship-Store in Deutschland eröffnet. Weißer Boden, rosafarbene Tische und Kakteen – perfekt für Instagram-Schnappschüsse. Neben dem hauseigenen Label gibt es Mode von lokalen und skandinavischen Labels.
Schanzenstraße 97, www.edited.de,
Öffnungszeiten: Mo–Sa 11–20 Uhr

Frida

Nicht nur die vielen kupferfarbenen Lampen fallen beim Betreten des Stores auf, sondern auch die schöne Auswahl skandinavischer Labels wie Gestuz, Just Female und Emma Go und die vielen Taschen von Liebeskind Berlin. Ein ähnliches Konzept hat der Schwester-Store „Fräuleinwunder" (Susannenstraße 13).
Schanzenstraße 85,
Tel.: 040/76 90 55 33,
www.facebook.com/frida.hamburg,
Öffnungszeiten: Mo–Sa 11–20 Uhr

Kauf dich glücklich

Die große Fensterfront und die verwinkelte Altbauwohnung mit weißen Dielen laden zum Stöbern ein. Mode, Beauty, Wohnaccessoires, Krimskrams und Coffee Table Books warten auf neue Besitzerinnen. Das Outlet befindet sich nur ein paar Schritte entfernt in der Bartelsstraße 55, ein weiterer Store liegt auf dem Schulterblatt 1.
Susannenstraße 4, Tel.: 040/49 22 22 21,
www.kaufdichgluecklich-shop.de,
Öffnungszeiten: Mo–Sa 11–20 Uhr

Mojo

Für alle Streetwear- und Snowboard-Girls: Das Label Mojo verkauft T-Shirts, Hoodys und Caps, die mit Pinsel und Schablone von Hand bemalt werden. Alles auf ökologischer Basis und fairtrade produziert!
Kampstraße 11, Tel.: 040/18 16 05 63,
www.mojo-snowboarding.de,
Öffnungszeiten: Di–Sa 12–19 Uhr

WEITER AUF SEITE 26 →

EDITED

Charlotte Kraska

Einkäuferin & Head of E-Commerce

Was kaufen die Hamburgerinnen bei Anita Hass am liebsten?
Klassiker und moderne Basics, gerne mit einem skandinavischen oder französischen Touch. Die Farbpalette ist eher zart und nordisch, und Hamburger lieben Fashionteile, die perfekt für die Übergangszeit sind: leichte Mäntel aus Kaschmir, stylische Schals und Stiefeletten.

Wie würden Sie den Hamburger Stil beschreiben?
Die Hamburger orientieren sich nicht nur an Trends, sondern haben ihren ganz eigenen Sinn für Mode – unangestrengt easy, mit einer gewissen Attitüde, aber dabei unkompliziert chic.

Was ist Ihr Lieblingsviertel in Hamburg?
St. Pauli für Food & Drinks und das Treppenviertel fürs Kurzurlaub-Feeling.

Wo gehen Sie am liebsten für die Wohnung shoppen?
In meiner Eppendorfer Nachbarschaft sind tolle Interiorshops. Ich liebe *Decorazioni* und für Second-Hand-Teile *Das 7. Zimmer* in der Hegestraße. In Eimsbüttel mag ich besonders *Weide* und *Lys Vintage,* in der Schanze zählt *LUV* zu meinen Lieblingen.

Und wo entspannen Sie am liebsten?
Es gibt drei Orte: auf meinem Balkon, an der Elbe und im Auto auf dem Weg nach St. Peter-Ording.

Anita Hass – Eppendorfer Landstraße 60, Eppendorf / *Decorazioni* – Hegestraße 4, Eppendorf / *Das 7. Zimmer* – Hegestraße 7, Eppendorf / *Weide* – Weidenallee 23, Eimsbüttel / *Lys Vintage* – Eppendorfer Weg 8, Eimsbüttel / *LUV* – Lagerstraße 26, Sternschanze

Mono Concept Store

In dem hübschen Store gibt es Mode aus Skandinavien, Holland und Amerika (z.B. Selected Femme und Scotch & Soda), Schmuck und Accessoires von lokalen Designern und ausgewählte Bücher – auch für Männer!

Rosenhofstraße 5, Tel.: 040/76 99 31 01, www.mono-concept.com, Öffnungszeiten: Mo–Fr 11.30 Uhr, Sa 11.30–18.30 Uhr

Wie es Euch gefällt

Schon der Name klingt vielversprechend. Coole Lederrucksäcke von My My Copenhagen, Schmuck von By Boe, Hüte von Becksöndergaard und Mode von Twist & Tango zieren den liebevoll dekorierten Laden.

Juliusstraße 16, Tel.: 040/51 90 99 77, www.wieeseuchgefaellt.blogspot.de, Öffnungszeiten: Mo–Fr 11–19 Uhr, Sa 11–18 Uhr

MODEDESIGNER AUS HAMBURG

Diese fünf Mode-, Accessoire- und Schmuckdesigner sollte man auf dem Radar haben:

BLACK VELVET CIRCUS www.atblackvelvetcircus.tumblr.com
NINA KASTENS www.ninakastens.com
MYMARINI www.mymarini.com
STIEBICH & RIETH www.stiebich-rieth.com
XENIA BOUS www.xeniabous.com

BLACK VELVET CIRCUS

XENIA BOUS

Brillen

EPPENDORF

VIU Flagshipstore

Top!

Entworfen in Zürich, hergestellt in einer Traditionsmanufaktur in Italien – das ist das Brillenlabel VIU. Allein das Store-Design macht Lust, auf Entdeckungstour zu gehen!
Eppendorfer Baum 14, Tel.: 040/87 40 83 00, www.shopviu.com, Öffnungszeiten: Mo–Fr 10–19 Uhr, Sa 10–18 Uhr

INNENSTADT

Habrima

Brillen made in Hamburg gibt es in der hanseatischen Brillenmanufaktur Habrima, direkt an der Binnenalster gelegen. Inhaber Nikolai Bender designt und fertigt individuelle Brillen aus feinsten Materialien.
Ballindamm 17, Tel.: 040/18 98 18 86, www.habrima.com, Öffnungszeiten: Di–Sa 10–18 Uhr

OTTENSEN

Neonbox

In den neonfarbenen Regalen findet man vor allem die neuesten Brillenmodelle von spannenden Independent-Labels aus Europa, bei denen Nachhaltigkeit eine wichtige Rolle spielt. Dazu gesellen sich auch größere Brands wie Tom Ford und Paul Frank.
Ottenser Hauptstraße 63, Tel.: 040/52 59 03 19, www.neonbox-optics.de, Öffnungszeiten: Mo–Fr 11–20 Uhr, Sa 10–18 Uhr

STERNSCHANZE

GlasSaal

Wer auf der Suche nach einer der begehrten Céline-Sonnenbrillen ist, wird hier fündig! In dem hübschen Store mit Stuck und hohen Decken gibt es außerdem viele weitere Designerbrillen zu entdecken.
Schulterblatt 64, Tel.: 040/79 69 42 32, www.glassaal.de, Öffnungszeiten: Mo–Fr 11–19 Uhr, Sa 11–18 Uhr

VIU FLAGSHIPSTORE

Six Million Glasses

In entspannter Wohnzimmer-Atmosphäre und hübschem Retrodesign präsentiert sich Six Million Glasses auf dem Schulterblatt. Neben Modellen von Ray Ban, Paul Smith und Mykita gibt es auch Modelle aus vergangenen Jahrzehnten.
Schulterblatt 3, Tel.: 040/413 04 74-0, www.sixmillionglasses.de, Öffnungszeiten: Mo–Fr 11–20 Uhr, Sa 11–18 Uhr

Schmuck

NEUSTADT

Jonathan Johnson Atelier

Unter dem Namen Jonathan Johnson kreiert der Hamburger Designer Oliver Pfeiffer seine prunkvollen und auch mal provokativen Schmuckstücke, inspiriert von der Reeperbahn bis Chicago. Er produziert in Hamburg und nutzt ausschließlich recyceltes Gold und Sterlingsilber aus Deutschland.
Poolstraße 20, Tel.: 040/40 16 31 13, www.jonathanjohnson.de, Öffnungszeiten: Mo–Sa 13–18 Uhr

ST. PAULI

Charlotte Simon Shop

Filigraner Schmuck und Lederaccessoires sind die Steckenpferde der gelernten Grafikdesignerin Charlotte Simon. Mitten auf St. Pauli kann man ihre Kollektionen in ihrem schönen Laden entdecken. Neben ihren eigenen Kreationen verkauft sie auch Papeterie und Accessoires von anderen deutschen Labels.
Seilerstraße 24, Tel.: 0172/985 77 91, www.charlottesimon.de, Öffnungszeiten: Mo–Fr 12–19 Uhr

STERNSCHANZE

Bleu

Hat man erst mal das blau umrahmte Schaufenster von Bleu entdeckt, kommt man nicht so schnell daran vorbei. Hier hängen Ketten, Armbänder und Ringe vor allem von französischen und skandinavischen Labels wie Sophie by Sophie, Vanrycke, Stine A und Pernille Corydon.
Schanzenstraße 41, Tel.: 040/50 71 97 60, www.bleu-hamburg.de, Öffnungszeiten: Mo–Fr 11–19 Uhr, Sa 11–16 Uhr

CHARLOTTE SIMON SHOP

Jewelberry

Shoppen im Birkenwald – das geht bei Jewelberry! Im Store von Stylistin Lily Sielaff und Designerin Coco Turtureanu hängen an Ästen romantisch angehauchte Schmuckstücke wie Ketten mit Libellen-Anhängern, Armbänder mit „Love"-Tags und goldene Ringe mit Miniknoten.
Juliusstraße 33, Tel.: 040/40 18 63 86, www.jewelberry.de, Öffnungszeiten: Mo–Fr 12–19 Uhr, Sa 12–18 Uhr

Vintage

INNENSTADT

Couture & Vintage

Hallo, Designerhandtaschen-Paradies! Bei Couture & Vintage werden Taschen von Céline, Chanel, Hermès und Louis Vuitton aus zweiter Hand verkauft. Nicht günstig, aber oho!
ABC-Straße 52, Tel.: 040/35 01 65 88, www.coutureandcheap.eu, Öffnungszeiten: Mo–Sa 11–19 Uhr

Secondella

Top!

Secondella hat sie alle – die Designerstücke aus vergangenen Jahrzehnten. Prada, Jil Sander, Chloé, Chanel, Miu Miu – die Liste ist endlos und das Sortiment gleich auf zwei nebeneinanderliegende Stores verteilt. Happy Luxus-Vintage-Shopping!
Hohe Bleichen 5, Tel.: 040/35 29 31, www.secondella.de, Öffnungszeiten: Mo–Fr 10–19 Uhr, Sa 10–18 Uhr

Vintage & Rags

Ein Besuch bei Vintage & Rags ist ein Erlebnis – nicht nur an den Ständern hängen Vintagestücke, auch die Wände sind mit Postern, Fotos, Kleidung und Platten aus vergangenen Jahrzehnten gepflastert.
Kurze Mühren 6, Tel.: 040/33 01 07, www.vintage-rags.de, Öffnungszeiten: Mo–Fr 11–20 Uhr, Sa 10–16 Uhr

ST. PAULI

Hip Cats

Shopbesitzerin Romana Burgemeister zählt mit Sicherheit zu Hamburgs größten Vintagefans – in ihrem liebevoll vollgestopften Laden findet man vor allem Originale aus den Fünfziger-, Sechziger- und Siebzigerjahren.
Paul-Roosen-Straße 16, Tel.: 0170/746 01 42, www.hip-cats.de, Öffnungszeiten: Mo–Sa 13–20 Uhr

Pick & Weight Kilo Store

„Einmal auf die Waage, bitte!" – das hört man bei Pick & Weight spätestens an der Kasse. Denn hier zahlt man die ausgewählten Vintageteile nach Kilopreisen.
Beim Grünen Jäger 16, Tel.: 040/43 19 33 34, www.picknweight.de, Öffnungszeiten: Mo–Sa 11–20 Uhr

Wäsche

STERNSCHANZE

Secret Service

Princess Tam Tam, Studio La Perla, Calvin Klein, Elle Macpherson Intimates – bei Secret Service in der Schanze hängen auf wenigen Quadratmetern viele moderne Dessous-Labels.
Susannenstraße 39, Tel.: 040/79 69 83 99, www.secretservice-store.com, Öffnungszeiten: Mo–Fr 11.30–19.30 Uhr, Sa 11–18.30 Uhr

Sue Giers

—

Store-Inhaberin *Linette* und Brand Ambassador

—

Welches Kleidungsstück sollte man als Hamburgerin oder Hamburg-Fan unbedingt besitzen?
Eine dunkelblaue Cabanjacke.

Wo gehen Sie in Hamburg am liebsten shoppen?
Für die Wohnung gehe ich am liebsten bei *Der neue Beckmann* und bei *Metamorphose* shoppen. Bücher kaufe ich gerne bei *Heymann* in Eppendorf, weil die Mitarbeiter alle echte Leseratten sind und tolle Empfehlungen aussprechen. Außerdem kommen großartige Autoren zu Lesungen, und die Kinderbuchabteilung ist unschlagbar.

Ihre Lieblingsrestaurants und -cafés?
Das *Petit Café* ist herrlich oldschool und in dieser modernen Green-Smoothie- und Clean-Food-Welt ein Anker der Gemütlichkeit. Jeder Tisch ist liebevoll mit Omis Porzellan eingedeckt, und der Pflaumen-Blechkuchen macht süchtig. Im *Elbgold* in der Schanze gibt es den besten Kaffee der Stadt. Dazu esse ich am liebsten ein lauwarmes Landbaguette mit Pecorino und danach einen Cheesecake mit Erdbeermousse.

Die besten Spots für die ganze Familie?
Der Hafen und der Elbstrand, das *Miniaturwunderland,* die *Eisbahn im Planten un Blomen,* Minigolf oder Schnitzeljagd im Stadtpark, ein Fußballspiel im *Millerntor-Stadion* und eine Pfannkuchen-Schlacht im *Mutterland.*

Was sind Ihre kulturellen Highlights in Hamburg?
Die „Lead Awards" in den *Deichtorhallen,* die *Affordable Art Fair,* „Der Nussknacker" in der *Staatsoper,* die Fertigstellung der Elbphilharmonie, das *„Weihnachtsoratorium" im Michel* und das *Filmfest Hamburg.*

Linette – Eppendorfer Baum 19, Eppendorf & Waitzstraße 2–4, Othmarschen / *Der neue Beckmann* – Klosterstern 4, Harvestehude / *Metamorphose* – Hegestraße 54, Eppendorf / *Heymann Bücher* – Eppendorfer Baum 27, Eppendorf / *Petit Café* – Hegestraße 29, Eppendorf / *Elbgold* – Lagerstraße 34c, Sternschanze / *Miniaturwunderland* – Kehrwieder 2–4/Block D, Speicherstadt / *INDOO Eisarena* – Holstenwall 30, Neustadt / *Millerntor-Stadion* – Harald-Stender-Platz 1, St. Pauli / *Mutterland* – Ernst-Merck-Straße 9, St. Georg / *Deichtorhallen* – Deichtorstraße 1, Altstadt / *Affordable Art Fair* – www.affordableartfair.com / *Hamburger Staatsoper* – Große Theaterstraße 25, Innenstadt / *„Weihnachtsoratorium" im Michel* – Englische Planke 1, Neustadt / *Filmfest Hamburg* – www.filmfesthamburg.de

www.knirps.com

IPANEMA –
FEELS LIKE THE FIRST KISS

DIE BRASILIANISCHE SANDALENMARKE IPANEMA sorgt für Sommerfeeling auf Schritt und Tritt und bringt lässiges Strandgefühl und die glamouröse Eleganz der Großstadt an stilbewusste Damen-, Kinder- und Herrenfüße. Erhältlich in rund 100 Ländern weltweit und produziert nach strengen ökologischen Richtlinien, spiegeln *Ipanema*-Schuhe die brasilianischen Wurzeln der Marke wider und bleiben durch den Einsatz innovativer, recycelbarer Materialien immer am Puls der aktuellen Fashion-Trends. Dabei kooperiert die Marke gerne mit Größen aus den Bereichen Fashion und Design. Nach einer erfolgreichen Zusammenarbeit mit dem Top-Model Gisele Bündchen hat jetzt der berühmte Star-Designer Philippe Starck eine Kollektion kreiert, die Footwear auf eine aufregende Art neu interpretiert. Mit Starcks Talent für minimalistisches, organisches Design setzt er die Vision einer modern-eleganten und einzigartigen Sandalenkollektion um, die Liebhaber des smarten Chics begeistern wird.

Die neuesten *Ipanema* Styles gibt es u.a. online bei *Amazon* und *Zalando* oder check den Storefinder auf *www.original-ipanema.de*

STAR-DESIGNER PHILIPPE STARCK

PERLE

Architektur, Interiors Design

NORDISCH BY NATURE.
DIE GEOGRAFISCHE NÄHE DER STADT ZU SKANDINAVIEN ZIEHT SICH AUCH DURCH LIEBEVOLL GESTALTETE EINRICHTUNGSGESCHÄFTE, DIE SHOPS LOKALER DESIGNER UND DAS ANGEBOT INNOVATIVER CONCEPT-STORES.

WENN MAN HAMBURGS Concept-Stores und Einrichtungsläden besucht, wird schnell klar: Weit ist es nicht bis Schweden und Dänemark. Keine andere Stadt in Deutschland beherbergt so viele Läden mit skandinavischem Fokus. Kein Wunder, denn die Hanseaten ziehen den Purismus oft dem Prunk vor. Und auch ein Blick in die Wohnungen der Kreativen verrät: ein gemütlicher, aber nicht überladener nordischer Stil trifft hier oft auf Designklassiker und Vintagemöbel.

Eine Shoppingtour lohnt sich in den Vierteln fernab der Innenstadt. Als Skandinavien-Fan sollte man unbedingt halt bei *Minimarkt* und *Lys Vintage* machen. Im immer liebevoll dekorierten Concept-Store Minimarkt in der Sternschanze verkauft Xenia Alt Wohnaccessoires, von der Vase von House Doctor bis zum Kerzenständer von By Lassen, hinzu gesellen sich Modeteile von Wood Wood und Parfums von Comme des Garçons. Lys Vintage in Eimsbüttel verteilt sich auf zwei große nebeneinanderliegende Ladenflächen und legt den Fokus stärker auf Möbel – neben Sesseln, Lampen und Regalen von Hay, Gubi und String gibt es hier auch viele kleine Schönmacher für die Wohnung. Hochwertige Designklassiker von Alvar Aalto, Vitra und Konsorten findet man bei *Plyground* in Ottensen oder bei *Wohnkultur 66*. Tolle Vintage-Pieces kann man in der *Vintage Gallery* im Karoviertel und im *The Vintage Store* in Eppendorf erstehen. Wer mit dem minimalistischen Stil weniger anfangen kann, sollte unbedingt *Richard* in der Neustadt besuchen – beim ehemaligen Interior-Stylisten treffen Rattansessel auf Porzellanfiguren und dunkelblaue Wände. Generell empfiehlt es sich, rund um den Großneumarkt auf Entdeckungstour zu gehen – hier befindet sich nicht nur *Perle*, einer der tollsten Concept-Stores des Nordens, es gibt auch viele spannende Galerien, Cafés und noch mehr Läden.

Die lokale Interiorszene hat ebenfalls einiges zu bieten. Eine klare Formensprache spielt auch hier eine bedeutende Rolle, und der Einsatz von Farbakzenten und nachhaltigen Materialien ist ein weiteres Merkmal. Das bekannte *Studio Besau-Marguerre* spielt mit kräftigen, aber nie aufdringlichen Farben, *Pliet* designt puristische Lampen mit energiesparender Leuchtstoff-Technologie, und das Label *Hafenholz* baut aus Holz, das keine Verwendung mehr findet, neue Möbel – so ist zum Beispiel auch der Tresen der Bar Berglund in Winterhude entstanden. Lokale Möbel findet man zum Beispiel bei *Lokaldesign* auf dem Schulterblatt in der Sternschanze, kleinere Wohnaccessoires von

MAKE
THINGS
HAPPEN

LYS VINTAGE

PLYGROUND

Jungdesignern gibt es bei *B-Lage*. Das Besondere: Monatlich wird das Sortiment neu kuratiert.

Eine Messe, die man sich als Designfan auf keinen Fall entgehen lassen sollte, ist die Blickfang, die einmal jährlich in den Deichtorhallen stattfindet. Besonderes Goodie: Die Lieblinge von Hamburger, aber auch von internationalen Designern können vor Ort direkt erstanden werden. Ebenfalls zu festen Instanzen für DIY und Design sind der Hello Handmade-Markt und Holy Shit Shopping in der Vorweihnachtszeit geworden. Ein weiterer Treffpunkt für Designinteressierte ist der noch junge Designxport in den Elbarkaden in der Hafencity. Die Macher der Präsentationsplattform verstehen sich selbst als Botschafter der Designmetropole Hamburg. Im Erdgeschoss finden wechselnde Ausstellungen statt, im *XShop* wird Hamburger Design verkauft, und in der Ideenküche werden lokale Speisen serviert.

Und auch das Herumstöbern auf Flohmärkten macht hier Spaß. Der Alltime-Favorit ist die *Flohschanze,* auch Schanzenflohmarkt genannt, die jeden Samstag stattfindet – selbst am Nachmittag herrscht hier noch viel Trubel. Besonders tolle Schnäppchen kann man beim *Turmweg-* und *Lehmweg-Flohmarkt* machen, wenn die Hamburger High Society sich von ihren Designerstücken trennt. Wer Trendlabels aus zweiter Hand kaufen möchte, ist beim *Mädelsflohmarkt,* der mehrmals im Jahr in- und outdoor stattfindet, an der richtigen Adresse. Zwar muss man sich in Geduld üben, wenn die Schlange zu Beginn mal wieder ein paar hundert Meter lang ist, dafür wird man bei so viel geballter Girlpower fast immer fündig.

Ob lokal oder international, ob Vintage-Piece oder Designklassiker, ob Flohmarkt oder Designmesse – in dieser Stadt wird so ziemlich jeder fündig. — KATHARINA CHARPIAN

INTERIOR- & CONCEPT-STORES

ALTONA

BoConcept
Shoppen am Hafen – das geht am besten bei BoConcept am Fischmarkt. Neben Designermöbeln gibt es beim dänischen Möbelhersteller auf 1000 Quadratmetern auch Wohnaccessoires, von moderner Keramik bis zum Marmorkerzenständer.
Große Elbstraße 39, Tel.: 040/38 08 76-0, www.boconcept.com, Öffnungszeiten: Mo–Fr 10–19 Uhr, Sa 10–18 Uhr

Hello Home
Nicht nur das Schild ist knallpink, auch im Store geht es farbig zu. Schönes Design zu annehmbaren Preisen wollen die beiden Besitzer bieten. Der Schwerpunkt liegt dabei auf skandinavischen Labels (z.B. Ferm Living und House Doctor), aber auch Produkte aus Frankreich, Spanien und Italien füllen die Regale.
Große Elbstraße 56–60, Tel.: 040/73 08 75 70, www.hellohome.de, Öffnungszeiten: Mo–Fr 11–19.30 Uhr, Sa 11–19 Uhr, So 12–16 Uhr (kein Verkauf)

IKEA
Der erste City-IKEA Deutschlands befindet sich mitten in der Fußgängerzone von Altona. Ob für ein Wohnaccessoire oder den obligatorischen Hotdog – ein Zwischenstopp beim Schweden lohnt sich bekanntlich immer.
Lawaetzweg 7, Tel.: 06192/93 99 99-9, www.ikea.com, Öffnungszeiten: Mo–Sa 10–20.30 Uhr

Söth
In Hafennähe liegt das Einrichtungskontor Söth – hier trifft auf 200 Quadratmetern Industrie-Look auf maritimen Charme. Aus Treibholz, alten Schiffsplanken und Scheinwerfern kreieren die Künstler rund um Inhaber Oliver Söth Möbelstücke mit Einzelstück-Charakter.
Große Elbstraße 36, Tel.: 040/80 00 70 22, www.söth-hamburg.de, Öffnungszeiten: Mo–Sa 11–18 Uhr, So 12–16 Uhr

Stilwerk
Direkt am Hamburger Hafen liegt das Stilwerk in einem der letzten Industriedenkmäler der Stadt, einer umgebauten Malzfabrik. 28 Stores und rund 400 Marken haben auf 11.000 Quadratmetern Platz. Mit dabei sind Shops von Gubi, Normann Copenhagen, Kartell und Fashion for Home. Im Erdgeschoss kann man sich im Bistro Vincenzo mit Kaffee und Panini stärken. Regelmäßige Pop-up-Stores und Events runden das Konzept ab.
Große Elbstraße 68, Tel.: 040/30 62 11 00, www.stilwerk.de, Öffnungszeiten: Mo–Fr 10–19 Uhr, Sa 10–18 Uhr, So 13–18 Uhr (Schausonntag)

CITY NORD

Die Wäscherei
Von bunt bis boho – das Möbelhaus Wäscherei deckt so ziemlich jeden Wohnstil ab. Auf 8000 Quadratmetern können Möbel und Deko geshoppt werden, die Dachterrasse und das Restaurant Pur laden zum Relaxen ein.

Mexikoring 27–29, Tel.: 040/27 15 07-0, www.die-waescherei.de, Öffnungszeiten: Mo–Sa 10–20 Uhr

EIMSBÜTTEL

bougiandbo

Wenn eine Produktdesignerin und ein Innenarchitekt einen Store eröffnen, kann das nur gut werden. Bei bougiandbo verkauft das Duo Wohnaccessoires von skandinavischen Labels wie Muuto und Moebe, aber auch innovative Küchensysteme von Miniki und tolle Riesennashörner von Omersa.
Lutterothstraße 12, Tel.: 040/819 82 60-0, www.bougiandbo.de, Öffnungszeiten: Mo–Fr 10–19 Uhr, Sa 10–16 Uhr

Frau Hansen

„Wo die schönen Dinge wohnen" heißt der Claim von Frau Hansen – das unterschreiben wir gerne. Hier treffen skandinavische Wohnaccessoires von Ferm Living und Bloomingville auf hübsche Regenmäntel von Stutterheim und pastellfarbene Blusen von Stine Goya.
Osterstraße 170, Tel.: 040/38 65 72 62, www.frau-hansen.de, Öffnungszeiten: Mo–Sa 10–19 Uhr

STILWERK

FRAU HANSEN

Liv

Liv ist dänisch und heißt übersetzt Leben. Sehr passend, denn alles, was man für ein „smukes" Leben im skandinavischen Stil braucht, findet man in diesem feinen Concept-Store – von der Geburtstagskarte bis zum Schneebesen, vom Drahtkorb bis zum Cardigan. Tolles Souvenir für Eimsbüttel-Fans: die Eimsbullerbü-Kerze!
Lutterothstraße 8, Tel.: 040/32 53 34 95, www.livhamburg.de, Öffnungszeiten: Mo–Fr 11–19 Uhr, Sa 12–17 Uhr

Top!

Lys Vintage

Eine der Topadressen für Skandinavien-Liebhaberinnen heißt Lys Vintage und hält für jeden Raum das passende Finish parat: Office-Begleiter von Hay, Buchstaben-Keramik von Arne Jacobsen, Kissen von Ferm Living, Lampen von Gubi, Regale von String … – die Haben-wollen-Liste ist nahezu unendlich.
Eppendorfer Weg 8, Tel.: 040/69 66 27 95, www.lys-vintage.com, Öffnungszeiten: Di–Fr 11–19 Uhr, Sa 11–18 Uhr

Moebels

Kathrin Richter hat ihre Sammelleidenschaft zum Beruf gemacht und verkauft in ihrem charmanten Store Möbel und Wohnaccessoires aus den Fünfziger-, Sechziger- und Siebzigerjahren, von der Keramikvase bis zum Schaukelstuhl. On top hängt Kunst

vom Hamburger Grafikkünstler Ralf Nietmann an den Wänden.
Eppendorfer Weg 54, Tel.: 0152/08 58 31 67, www.moebels.net, Öffnungszeiten: Mi–Fr 12–19 Uhr, Sa 11–16 Uhr

Morgenthau

Schon das Schaufenstergucken wird zum Erlebnis. Bei Morgenthau stehen Kristalllampen neben Flamingo-Gemälden und Rattanmöbel neben Retroprints. Inhaberin Nicole Vietense, die auch Wohnberatung anbietet, legt sich auf keinen Stil fest, sondern verkauft das, was ihr gefällt. Gut so!
Weidenallee 4, Tel.: 040/38 65 79 01, www.morgenthau.de, Öffnungszeiten: Di–Fr 11–19 Uhr, Sa 11–16 Uhr

Weide

Altes mit Neuem kombinieren – das ist das Aushängeschild vom Weide Store. Hier treffen Sammlerstücke vom Trödler auf Design-Pieces von Jonathan Adler und die begehrten Mustertapeten von Cole & Son – unbedingt auf Entdeckungstour in den vielen Räumen gehen! Besonderes Goodie: In der hauseigenen Werkstatt kann man sich einen Lampenschirm nach eigenen Wünschen anfertigen lassen.
Weidenallee 23, Tel.: 040/28 78 12 27, www.weide-hamburg.de, Öffnungszeiten: Di–Fr 11–19 Uhr, Sa 11–16 Uhr

HAMBURGER INTERIOR- UND PRODUKTDESIGNER

Purismus trifft auf Farbakzente, Nachhaltiges auf Handgemachtes – diese Hamburger Interior- und Produktdesigner sollte man auf dem Radar haben:

STUDIO BESAU-MARGUERRE www.besau-marguerre.de
PLIET www.pliet.com
VIKTOR FOXTROT www.victorfoxtrot.de
ORIGINOL www.originol.de
SANDRA SCHOLLMEYER www.sandraschollmeyer.de
MILIA SEYPPEL www.miliaseyppel.com
HAFENHOLZ www.hafenholz.de

PLIET

MILIA SEYPPEL

EPPENDORF

Das 7. Zimmer

Das 7. Zimmer zählt zu den Lieblingsspots der Hamburger Interior-Stylisten. Hier gibt's liebevoll ausgesuchte Antiquitäten, vom Silberbesteck bis zum Schaukelpferd. Unbedingt auch auf der anderen Straßenseite den Heuboden der alten Brotfabrik besuchen und auf Schatzsuche gehen!

Hegestraße 7, Tel.: 0172/42 72 20, www.das7tezimmer.de, Öffnungszeiten: Mo 13–19 Uhr, Di–Fr 11–18.30 Uhr, Sa 11–16 Uhr

Decorazioni

Inhaberin Christin Schmidt hat einen Traumjob – sie richtet Luxuswohnungen und -häuser von fremden Menschen ein. Das Tolle: Die Hamburgerin hat auch einen Store, in dem sie ebenfalls ihre Liebe zum Interior und zu hochwertigen Wohnobjekten, von Montana bis Missoni, auslebt.

Hegestraße 4, Tel.: 040/46 85 86 36, www.decorazioni.de, Öffnungszeiten: Di–Fr 11–18 Uhr, Sa 11–16 Uhr

Nordlys

Schon der Name und die Flagge am Eingang verraten es: Hier geht's romantisch-skandinavisch zu. Landhausgeschirr vom dänischen Label Green Gate ist hier neben Teppichen von Ib Laursen und Deko von Jeanne D'Arc Living zu sehen. Im hauseigenen Café gibt es ofenfrische Zimtschnecken und Lakritzkugeln aus Dänemark!

Goernestraße 4, Tel.: 040/30 33 01 92, www.nordlys-eppendorf.de, Öffnungszeiten: Di–Fr 11–19 Uhr, Sa 11–18 Uhr

Roomservice

Upcycling de luxe findet in diesem kleinen Shop statt. Die Interior-Designerin Julia Thesenfitz und Architekt Christian Wedekind hauchen ausgedienten Alltagsgegenständen neues Leben ein und bieten individuelle Deko und hochwertige Möbel für die Wohnung.

Lehmweg 56, Tel.: 040/480 86 72, www.roomservice-gallery.com, Öffnungszeiten: Do & Fr 11–19 Uhr, Sa 11–16 Uhr

Smukke Store

Der Name hält, was er verspricht und hübscht unsere Wohnung und unseren Kleiderschrank mit skandinavischen Labels wie House Doctor, House of Rym, Line of Oslo und Ichi auf.

Eppendorfer Weg 174, Tel.: 040/43 27 58 24, www.smukkestore.de, Öffnungszeiten: Mo–Fr 10.30–14 Uhr & 15–19 Uhr, Sa 10.30–16 Uhr

The Vintage Store

Teak vs. Design: Im The Vintage Store warten Mid-Century-Stücke aus Skandinavien wie Sideboards, Sessel, Stühle und Sofas darauf, neue Wohnungen zu beziehen.

Goernestraße 17, Tel.: 040/32 53 99 08, www.thevintagestore.de, Öffnungszeiten: Mo–Fr 11–18.30 Uhr, Sa 11–18 Uhr

WEITER AUF SEITE 46 →

FREUNDTS

Ini Neumann

Illustratorin

Wie sähe Hamburg als Illustration aus?
Mir kommen als Erstes Möwen in den Kopf. Ein wildes Herumgeflatter weißer Möwen und ein nordischer rosa-blauer Himmel.

Wo gehen Sie in Hamburg am liebsten für die Wohnung shoppen?
Bei *Lys Vintage* – ich mag die Kombination aus Vintagemöbeln und neuen Designermöbeln. Simone hat ein gutes Händchen, und die Atmosphäre in dem Laden stimmt einfach.

Verraten Sie uns Ihr Lieblingsviertel mit Ihren drei Lieblingsspots.
Ich habe kein bestimmtes Lieblingsviertel. Ich wohne gerne im Grindelviertel und liebe den Blumenladen *Blumen Lund* im Grindelhof. Essen gehe ich zurzeit am liebsten im *Bistro Carmagnole* in der Juliusstraße. Mein Freund wohnt in Altona, daher bin ich auch sehr oft in dem Viertel – dort muss man auf jeden Fall ins Restaurant *Mehl* in der Gaußstraße gehen und das am besten mit einem Besuch im Thalia Theater verbinden.

Sie tragen viele Tattoos. Haben Sie einen Lieblingstätowierer in Hamburg?
Ich habe fast alle Tattoos bei *Immer und Ewig* in der Stresemannstraße stechen lassen. Die meisten sind von Christian Hensen.

Was muss man in Hamburg unbedingt gemacht haben?
Einen Rhababsi im *Thier* trinken.

Lys Vintage – Eppendorfer Weg 8, Eimsbüttel / *Blumen Lund* – Grindelhof 68, Rotherbaum / *Bistro Carmagnole* – Juliusstraße 18, Sternschanze / *Mehl* – Gaußstraße 190, Altona / *Immer und Ewig* – Stresemannstraße 93, Altona / *Thier* – Schulterblatt 98, Sternschanze

GROSS BORSTEL

Freundts

Ich nehme ein … Wer auf der Suche nach einem Leuchtbuchstaben ist, wird bei Freundts bestimmt fündig. Mehrmals im Jahr finden im riesigen Buchstabenlager Lagerverkäufe statt. Das tollste Hamburg-Souvenir: ein blau-weißer Anker für die eigenen vier Wände!

Borsteler Chaussee 49, Tel.: 040/68 99 61 40, www.freundts.de, Öffnungszeiten: Bekanntgabe der Lagerverkäufe auf Facebook: www.facebook.com/freundts

Le Marrakech

Goldene Kleiderhaken mit Palmen, Lederpoufs, Teppiche von Beni Ouarain – mitten im Hamburger Industriegebiet kann man einen Ausflug nach Marrakesch machen. Nach dem Shopping unbedingt im hauseigenen Restaurant Platz nehmen – ein Erlebnis (vorab reservieren!).

Kellerbleek 10, Tel.: 040/57 14 53-0, www.lemarrakech.de, Öffnungszeiten Shop: Di 12–22 Uhr, Mi 12–19 Uhr, Do 12–18 Uhr, Fr & Sa 12–19 Uhr

HAFENCITY

XShop

Design made in Hamburg findet man im XShop, dem Store der Präsentationsplattform Designxport in den Elbarkaden. Hier werden hochwertige Papeterie, Accessoires und Kleinmöbel von Hamburger Designern wie Papermoles, Pliet, Besau-Marguerre oder Milia Seyppel verkauft.

Designxport, Hongkongstraße 8, Tel. 040/30 62 12 45, www.designxport.de, Öffnungszeiten: Di–Sa 12–18 Uhr

HARVESTEHUDE

Der neue Beckmann

Vitra, Gubi, Fritz Hansen, Knoll – beim neuen Beckmann gibt es Möbel von den großen Designern. In einer beeindruckenden Altbauwohnung werden unterschiedliche Wohnkonzepte präsentiert. Die hauseigene „Beckmann Kollektion" komplementiert das Sortiment.

Klosterstern 4, Tel.: 040/46 40 25, www.derneuebeckmann.de, Öffnungszeiten: Mo–Fr 10–18.30 Uhr, Sa 10–18 Uhr

MANUFACTUM

INNENSTADT

Bolia

Wer geradliniges Design mag, sollte einen Abstecher zum dänischen Möbelhaus machen. Hier gibt New Scandinavian Design den Ton an – von der rosafarbenen Glasvase bis zum lindgrünen Lounge-Sofa.
Dammtorstraße 30, Tel.: 0172/942 95 26, www.bolia.com, Öffnungszeiten: Mo–Sa 10–20 Uhr

Cedon

In dem gläsernen Designshop in der Einkaufspassage Hanse-Viertel treffen Wohnobjekte von Vitra, Holztiere von Kay Bojesen und kunterbunte Hoptimisten auf Papeterie mit Sprüchen, Uhren von O'Clock und Kopfhörer von Urbanears. Das Tolle: Die Produkte sind nach Farben sortiert!
Große Bleichen 30, Tel.: 040/28 80 96 97, www.cedon.de, Öffnungszeiten: Mo–Sa 10–20 Uhr

Granit

Das Interior-Mekka für Skandinavien-Liebhaberinnen heißt in der Innenstadt Granit – hier werden auf 260 Quadratmetern viele minimalistische Wohnaccessoires in Schwarz, Weiß und Grau zu Toppreisen verkauft.
Poststraße 20, Tel.: 040/874 09 00-0, www.granit.com, Öffnungszeiten: Mo–Sa 10–19 Uhr

Habitat

In den Sechzigerjahren eröffnete Terence Conran, ein junger Möbeldesigner, die erste Habitat-Filiale in London. Das Motto von damals, modernes Design zu erschwinglichen Preisen anzubieten, gilt bis heute.
Großer Burstah 18–32, Tel.: 0211/866 34 43, www.habitat.de, Öffnungszeiten: Mo–Sa 11–19 Uhr

Manufactum

Manufactum sollte man allein schon wegen der beeindruckenden Architektur des Chilehauses, in dem das Warenhaus liegt, besuchen. Auf 700 Quadratmetern können hübsche Alltagsgegenstände für Küche, Kleiderschrank und Garten geshoppt werden.
Fischertwiete 2, im Chilehaus, Tel.: 040/30 08 77 43, www.manufactum.de, Öffnungszeiten: Mo–Fr 10–19 Uhr, Sa 10–18 Uhr

Muji

Muji ist japanisch und bedeutet übersetzt „Keine Marke – große Produkte". Im Store findet man viele schlichte und geradlinige Designs – von der Zahnbürste bis zum Bilderrahmen. Besonders hübsch: die Adventskalender-Postkarten.
Große Bleichen 31, Tel.: 040/35 01 63 32, www.muji.com, Öffnungszeiten: Mo–Sa 10–20 Uhr

The Fjord House

Der Concept-Store wird vor allem von Natur- und Blautönen beherrscht. Hier finden skandinavische Labels, die in Hamburg kaum oder nur selten vertreten sind, einen schönen Platz. Mit dabei: Wohnaccessoires von Muubs und Lind Dna, Salz von Saltverk, Schokolade von Konnerup und Casualwear vom hauseigenen Label.
Große Bleichen 36, Tel.: 040/35 71 81 78, www.thefjordhouse.com, Öffnungszeiten: Mo–Sa 10–20 Uhr

KAROVIERTEL

Hanseplatte

Hamburch, meine Perle! Wer sich in die Hansestadt verliebt hat, sollte sich noch schnell ein Souvenir bei der Hanseplatte holen (gilt auch für Hamburger!). Neben zahlreichen Platten gibt es hier nämlich hübsche Anker-Schlüsselanhänger,

stilsichere Friesennerze, „Ahoi Käpt'n"-Tassen und für die Kleinen Mini-Matrosenkleider.
Neuer Kamp 32, Tel.: 040/28 57 01 93, www.hanseplatte.de, Öffnungszeiten: Mo–Fr 11–19 Uhr, Sa 10–18 Uhr

Vintage Gallery
Hier werden Vintage-Wohnliebhaberinnen happy! Inhaber Dirk verkauft Möbel und Wohnaccessoires aus vergangenen Jahrzehnten – von bunten Eames-Stühlen bis zum Holzaffen von Kay Bojesen. Viele Stücke haben Seltenheitswert!
Karolinenstraße 27, Tel.: 0157/71 45 20 03, www.vintagegalleryblog.wordpress.com, Öffnungszeiten: Mo–Fr 12–18 Uhr, Sa 11–19 Uhr

VINTAGE GALLERY

ENTDECKUNGSTOUR RUND UM DEN GROSSNEUMARKT

In Hamburg kann man einige Viertel jenseits der bekannten Innenstadt oder der oft gehypten Schanze entdecken. Besonders charmant und noch nicht so überlaufen ist es rund um den Großneumarkt, dem Herzstück der Neustadt. Um den historischen Markt mit seinen schönen Altbauten wird nicht nur der Wohnraum immer beliebter, es siedeln sich auch immer mehr neue Cafés, Shops und Galerien an.

Am besten startet man die Entdeckungstour mit einem selbst gerösteten Kaffee bei *Public Coffee Roasters* (Wexstraße 28) und nimmt auf einem der bunten Barhocker an der großen Fensterfront mit Blick auf die Wexstraße oder draußen auf den Kaffeesackkissen Platz. Danach geht's weiter auf der gepflasterten Wexstraße – nur 50 Meter entfernt liegt der hübsche Wohnladen *Richard* (Wexstraße 32a) von dem ehemaligen Interior-Stylisten Richard Lotzmann. Japanfans sollten danach gegenüber bei *Akiko* (Wexstraße 39) vorbeischauen – hier treffen Accessoires aus japanischen Stoffen auf fernöstliche Papeterie. Jetzt ist der Großneumarkt schon in Sicht. Wer die kleine Neustadt-Tour an einem Mittwoch- oder Samstagvormittag macht, sieht jetzt das bunte Treiben auf dem Marktplatz. Denn zweimal die Woche findet hier von 8.30 bis 13.30 Uhr der *Frischemarkt* mit Blumen, Obst und Gemüse und vielen Köstlichkeiten aus aller Welt statt. Der Großneumarkt ist auch das Zuhause von einem der schönsten Concept-Stores der Hansestadt – bei *Perle* (Großneumarkt 22)

GUDBERG NERGER

warten viele internationale Labels auf neue Besitzerinnen. Möchte man sich noch mehr von den neuesten Wohntrends inspirieren lassen, empfiehlt sich ein Stopp bei den *Wohngeschwistern* (Alter Steinweg 15) – hier würde man es sich am liebsten sofort in einer skandinavisch dekorierten Sofaecke gemütlich machen.

Zeit für Lunch? Dann ab zu *Karlsons* (Alter Steinweg 10) – hier gibt es, echt skandinavisch, Köttbullar und Hotdogs, aber auch vegetarische Alternativen. Und während man sich mit seinem nummerierten Dalapferd einen Platz sucht, kann man noch schnell einen Blick auf die schönen Wohnaccessoires aus Schweden werfen, die alle gekauft werden können.

Kulturelles darf natürlich nicht fehlen, deshalb empfiehlt sich zum Abschluss ein Spaziergang zur Poolstraße 8 – bei *Gudberg Nerger* kann man sich durch spannende Independent-Magazine und -Bücher blättern oder die angrenzende Galerie besuchen. Auf dem Weg dorthin kommt man am *Atelier Dittmer* (Brüderstraße 18) vorbei. Hier haben sich die Schwestern Jule und Clara Lotta Dittmer Mode und Malerei verschrieben. Jule verkauft ihre nordischen Kollektionen und Seesäcke, und Clara widmet sich farbintensiven Ölmalereien. Komplementiert wird das kleine Reich der waschechten Hamburgerinnen durch monatlich wechselnde Ausstellungen, Lesungen und Musikabende. Langweilig wird es rund um den Großneumarkt also nie!

RICHARD

PERLE

NEUSTADT

Atelier Dittmer

In dem hübschen Atelier präsentieren zwei Schwestern Mode und Malerei. Jule Dittmer verkauft puristische Seesäcke und Lederaccessoires, und Clara widmet sich farbintensiven Ölmalereien. Wechselnde Ausstellungen, Lesungen und Musikabende runden das Konzept ab.
Brüderstraße 18, Tel.: 040/35 71 64 97, www.atelier-dittmer.de, Öffnungszeiten: Mo–Fr 11–19 Uhr, Sa 11–16 Uhr

Top!

Perle

Der Concept-Store Perle liegt direkt am Großneumarkt und ist das hübsche Zuhause vieler internationaler Labels. Düfte von Comme des Garçons, Taschen von APC, Kleider von Peter Jensen, Bücher vom Gestalten Verlag, Strampler von Minirodini und Möbel vom Berliner Brand Mykilos sind auf 150 Quadratmetern mit viel Stil inszeniert.
Großneumarkt 22, Tel.: 040/30 99 74 66, www.perle-shop.de, Öffnungszeiten: Di–Fr 11–19 Uhr, Sa 11–16 Uhr

Richard

Vintage meets Boho und ein bisschen Kitsch: Richard Lotzman, Shopbesitzer von Richard, hat lange als Stylist für Wohnzeitschriften gearbeitet. Jetzt verkauft er in seinem Store tolle Rattansessel, pastellfarbene Vasen und Porzellantiere – alles mit viel Liebe zum Detail arrangiert und oft nicht so teuer, wie es aussieht!
Wexstraße 32a, Tel.: 040/38 64 75 02, www.richardhamburg.com, Öffnungszeiten: Di 12–17 Uhr, Mi–Sa 12–19 Uhr

Wohngeschwister

Nichts für Puristen – bei den Wohngeschwistern kommt Farbe ins Spiel. Zwei Brüder stecken hinter dem Shop am Großneumarkt. Lampen mit bunten Kabeln vom Schweden Nud, gemusterte Decken vom norwegischen Label Røros und Kerzenständer vom dänischen Label Superliving sind nur einige Highlights der großen Produktauswahl.
Alter Steinweg 15, Tel.: 040/46 64 39 37, www.die-wohngeschwister.de, Öffnungszeiten: Mo–Sa 11–19 Uhr

OTTENSEN

Bridget Bell

Bei Bridget Bell würden auch Dänen für ihre Sommerhäuser einkaufen. Geschirr, Besteck, Kissen und Kerzenständer im modernen und blumigen Country-Style von Labels wie Madam Stoltz, Green Gate oder Tine K. Home sorgen für XXL-Landhaus-Feeling!
Große Rainstraße 17, Tel.: 040/60 09 87 90, www.bridgetbell-countrystyle.de Öffnungszeiten: Mo & Di 11–18 Uhr, Mi–Fr 11–19 Uhr, Sa 11–17 Uhr

Plyground

Der Spielplatz für Interior-Liebhaberinnen befindet sich in einer alten Fischräucherei in einem charmanten Hinterhof in Ottensen.

Neben modernen Möbelklassikern gibt es hier industrielle Originale aus der Vorkriegszeit und Designs vom hauseigenen Label PLY. Must-do: Einmal auf dem gelben Eames-Schaukelstuhl durch den Raum fliegen.
Hohenesch 68, Tel.: 040/38 66 10 20, www.ply.de, Öffnungszeiten: Mo–Sa 12–18 Uhr

The Box Concept Store
Wer bei The Box an ein kleines Lädchen denkt, liegt daneben. Zum Concept-Store, der in einer alten Fabrikhalle liegt, gehören zwei Galerien, ein Möbelgeschäft mit Vintagestücken und Unikaten, ein Buchladen und ein Café. Außerdem finden hier regelmäßig Konzerte und Lesungen statt.
Borselstraße 16f, Tel.: 040/39 90 62 14, www.thebox-hamburg.com, Öffnungszeiten: Di–Fr 12–20 Uhr, Sa 10–18 Uhr

STERNSCHANZE

B-Lage
Vanessa Janneck ermöglicht es kleinen Labels, sich in ihrem Store einzumieten – dadurch entsteht ein tolles und monatlich wechselndes Jungdesigner-Portfolio. Neben Living-Accessoires gibt es Mode, Schmuck und Vanessas eigenes maritimes Label Vanewonderland.
Kampstraße 11, Tel.: 0163/287 63 56, www.b-lage.hamburg, Öffnungszeiten: Di–Sa 11–19 Uhr

Top!

Human Empire
Im charmanten Ladengeschäft mit Interieur aus den Fünfzigerjahren findet ein kunterbuntes Happening von deutschen und skandinavischen Produkten statt. Karten vom Berliner Label Navucko und Poster vom Hamburger Illustrator Dieter Braun treffen unter anderem auf dänische Keramik von Studio Arhoj und Kissen vom finnischen Brand Marimekko.
Schulterblatt 132, Tel.: 040/22 62 68 11, www.humanempireshop.com, Öffnungszeiten: Di–Fr 12–19 Uhr, Sa 11–18 Uhr

Lokaldesign
Auf der Suche nach einem individuellen Möbelstück von einem Interior-Designer aus Deutschland? Dann ab zu Lokaldesign. Hier verkaufen Nachwuchsdesigner mitten im Schanzenviertel Unikate und Kleinserien, von der Betonlampe bis zum Esstisch aus massiver Eiche.
Schulterblatt 85, Tel.: 040/65 91 64 83, www.lokaldesign.de, Öffnungszeiten: Di–Sa 11–19 Uhr

WEITER AUF SEITE 54 →

Xenia Alt

Concept-Store-Inhaberin *Minimarkt*

Ihr Shop liegt mitten in der Schanze. Was mögen Sie an dem Viertel besonders gerne?
Ich liebe die Vielfalt. Es sind so viele unterschiedliche Anwohner, Besucher, Restaurants und Kaffees mit den unterschiedlichsten Einstellungen, Geschmäckern und Sortimenten. Besonders gerne mag ich den Schmuckshop *Bleu,* für Kleidung die Boutique *Wie es Euch gefällt,* für Lunch die *Polokantine* und die *Souperia* und für leckere Geschenke *Stüdemanns Kaffee- & Teeladen.*

Wie verbringen Sie den Sommer in Hamburg am liebsten?
Mit einer Fahrradtour entlang der Elbe bis nach Blankenese, um dort das wohlverdiente Krabbenbrötchen am Strand zu genießen. Mein Kind spielt im Sand, beobachtet die Schiffe, und wir schlemmen mit Blick aufs Wasser. Mein Favorit ist die *Kajüte S.B.12,* ein kleines Restaurant mit Bierzeltgarnitur.

Welcher Ort ist in Hamburg besonders toll für Kinder?
Toll finde ich es, mit meiner Tochter zur Schiffsbegrüßungsanlage *Willkomm-Höft* zu fahren und dem Team der Begrüßungskapitäne zu lauschen. Es werden über 150 Nationalhymnen gespielt und die Begrüßungstexte in der jeweiligen Landessprache aufgesagt. Das *Schulauer Fährhaus* bietet zur selben Zeit Kuchen, Drinks oder warme Speisen an.

Welchen Flohmarkt mögen Sie besonders gerne?
Ich liebe die *Flohschanze.* Man kann den Marktbesuch super mit dem Samstags-Shopping in der Schanze, dem Karoviertel oder St. Pauli verbinden.

Das beste Hamburg-Souvenir?
Bei uns im Laden ist der Bestseller ein Frühstücksbrett aus Eschenholz. Eingebrannt ist ein Möwenschwarm oder ein Blick

auf den Michel mit dem Hafen im Hintergrund. Hört sich kitschiger an, als es ist. Unsere Hamburger Kundschaft sowie die netten Touristen haben es zum Dauerbrenner gemacht.

Minimarkt – Bartelsstraße 37, Sternschanze / *Bleu* – Schanzenstraße 41, Sternschanze / *Wie es Euch gefällt* – Juliusstraße 16, Sternschanze / *Polokantine* – Bartelsstraße 26, Sternschanze / *Souperia* – Bartelsstraße 21, Sternschanze / *Stüdemanns Kaffee- & Teeladen* – Schulterblatt 59, Sternschanze / *Kajüte S.B.12* – Strandweg 79, Blankenese / *Willkomm-Höft & Schulauer Fährhaus* – Parnaßstraße 29, Wedel / *Flohschanze* – Neuer Kamp 30, Sternschanze

LUV

Wie eine Wohnungsbesichtigung fühlt sich der Besuch beim Interiorshop LUV in den Schanzenhöfen an. In den Zimmern gibt es einiges zu entdecken, vom Marmortisch von Ox Denmarq über die Kupferlampe von Tom Dixon bis hin zum türkisfarbenen Acapulco Chair. Einmal alles, bitte!
Lagerstraße 36, Tel.: 040/386 74 80-0, www.luv-hamburg.com, Öffnungszeiten: Mo 10–16 Uhr, Di–Fr 10–18.30 Uhr, Sa 11–18 Uhr

Minimarkt

Top!

Die Anlaufstelle für neue Lieblingsstücke und besondere Geburtstagsgeschenke heißt in Hamburg Minimarkt. Neben skandinavischen Wohnlabels wie By Lassen, Bloomingville, Ferm Living, Norman Copenhagen und House Doctor füllen auch Düfte von Comme des Garçons und Kleidung von Wood Wood die Regale und Bügel des feinen Concept-Stores.
Bartelsstraße 37, Tel.: 040/23 51 84 42, www.minimarkt.com, Öffnungszeiten: Mo–Fr 12–19 Uhr, Sa 11–18 Uhr

LUV

Wohnkultur 66

Martina Münch und Manfred Werner sind Experten, wenn es um skandinavische Möbel geht. In dem historischen Schlachthof in der Schanze befinden sich ihr Store und Showroom mit beeindruckenden und restaurierten Stücken von Designern wie Alvar Aalto, Poul Kjaerholm und Borge Mogensen.
Sternstraße 66, Tel.: 040/43 60 02, www.wohnkultur66.de, Öffnungszeiten: Mo–Fr 12–18 Uhr, Sa 12–16 Uhr

ST. PAULI

Kunst Kiosk

Auf der Suche nach einer individuellen Hamburg-Postkarte? Dann ist der Kunst Kiosk die richtige Anlaufstelle – hier verkaufen lokale Designer selbst gemachte Produkte, vom Kunstdruck bis zum Kissen. In regelmäßigen Abständen finden kleine Kunstevents statt.
Paul-Roosen-Straße 5 , Tel.: 040/37 42 95 22, www.kunstkiosk-hamburg.de Öffnungszeiten: Mo–Sa 11–19 Uhr

ST. GEORG

Kaufhaus Hamburg

Das Kaufhaus Hamburg in der hübschen Langen Reihe, der Einkaufsstraße St. Georgs, gilt unter Genießern und Schöngeistern als Geschenke- und Mitbringsel-Eldorado. Hier gibt's Produkte von lokalen Designern und Manufakturen, vom Apfelsaft bis zum Gin, von der Duftkerze bis zum Notizheft.
Lange Reihe 70, Tel.: 040/22 81 56 69, www.kaufhaus-hamburg.de, Öffnungszeiten: Mo–Fr 10–19 Uhr, Sa 10–18 Uhr

WINTERHUDE

Cosman Interior

Wohnzimmer, Arbeitsecke, Bad und sogar ein Garten – der Store von Marc Neumann und Cord Selcho ist wie eine private Wohnung aufgeteilt, eingerichtet im gemütlichen Landhausstil in gedeckten Tönen, ausgestattet mit Labels wie Rivièra Maison, Tine K. Home und Flamant. In Othmarschen befindet sich Wohnung … ähm Store Nr. 2 (Waitzstraße 3).

Mühlenkamp 44, Tel.: 040/20 90 88 67, www.cosman-interior.de, Öffnungszeiten: Mo–Fr 11–19 Uhr, Sa 10–16 Uhr

Kalason

Das Faible für skandinavisches Design ist im Store von Grafikdesignerin Katharina Langewender kaum zu übersehen. Sie beherbergt sämtliche Lieblingsbrands aus dem hohen Norden, von Place de Bleu über Hay bis Oyoy. Für Kids gibt's Buntes von Sebra, Littlephant und Luckyboysunday und Süßes aus dem Bonbonregal.

Semperstraße 2, Tel.: 040/27 80 03 71, www.kalason.de, Öffnungszeiten: Di–Fr 11–19 Uhr, Sa 10–15 Uhr

Schön & Ehrlich

Bei Schön & Ehrlich treffen skandinavische Designlabels wie Skandinavisk, Stelton und Menu auf spannende Produkte made in Germany. Mit dabei: Drucke von Navucko, Karten von Urban Design und Schalen von Fundamental Group Berlin.

Gertigstraße 18, Tel.: 040/76 90 17 15, www.schoen-und-ehrlich.de, Öffnungszeiten: Mo–Fr 11–19 Uhr, Sa 10–17 Uhr

Blumen

KAROVIERTEL

Saxifraga

Täglich gehen hier mehrere Braut- und Geburtstagssträuße über die Theke. Floristin Carola Wineberger und ihr Team kreieren fantasievolle und moderne Blumenarrangements und bieten eine große Auswahl an kunterbunten Wiesenblumen an.

Glashüttenstraße 100, Tel.: 040/43 73 55, www.saxifraga.cc, Öffnungszeiten: Mo–Fr 10–18.30 Uhr, Sa 10–16 Uhr

STERNSCHANZE

Blumen aus Holland

Frisch aus Holland werden die saisonalen Blumen, von Tulpen bis Gladiolen, am frühen Morgen geliefert. Der Blumenladen in der Schanze hat keinen Namen, ist in Hamburg aber stadtbekannt. Einfach nach der

GRÜNE FLORA

Schlange und dem mit Blumen geschmückten Fahrrad Ausschau halten.
Susannenstraße 30, Öffnungszeiten: Mi–Sa, solange der Vorrat reicht

Grüne Flora
Trommelstock, Ranunkel oder Löwenmäulchen – bei der Grünen Flora in der Schanze blüht es in allen Farben, fernab von klassischen Rosen und Tulpen. On top findet man in dem hübsch dekorierten Laden auch Sukkulenten, Pflanzen für den Garten und Tontöpfe.
Schulterblatt 79, Tel.: 040/43 18 21 08, www.grueneflora.de, Öffnungszeiten: Mo–Fr 9–19 Uhr, Sa 10–17 Uhr

Bücher & Magazine

EPPENDORF

Stories!
Minimalistisch und pur ist diese große Buchhandlung in Eppendorf – einige Buchcover werden wie in einer Ausstellung in wandhohen Regalen frontal präsentiert. Wer länger stöbern möchte, kann es sich im hauseigenen Café gemütlich machen. Eine weitere Filiale gibt es im Hanse-Viertel (Große Bleichen 36).
Straßenbahnring 17, Tel.: 040/43 27 59 43, www.stories-hamburg.de, Öffnungszeiten: Mo–Fr 9–19 Uhr, Sa 10–17 Uhr

INNENSTADT

Sautter & Lackmann
Bei Sautter & Lackmann möchte man sich am liebsten über Nacht einschließen. Die Fachbuchhandlung mit wandhohen Regalen liegt auf der hübschen Fleetinsel und beherbergt ein internationales Angebot von Büchern zu Kunst, Architektur, Grafikdesign, Fotografie, Film, Mode und Kunsthandwerk.
Admiralitätstraße 71/72, Tel.: 040/37 31 96, www.sautter-lackmann.de, Öffnungszeiten: Mo–Fr 10–19 Uhr, Sa 11–18 Uhr

KAROVIERTEL

Kochkontor
Von Donna Hay bis Jamie Oliver – Hamburgs größte Kochbuchauswahl gibt's beim Kochkontor im Karoviertel. Das Tolle: Rezepte aus den Büchern werden täglich nachgekocht und zu Mittag serviert – die Gerichte können vorab online gecheckt werden.
Karolinenstraße 27, Tel.: 040/43 21 60 36, www.koch-kontor.de, Öffnungszeiten: Mo–Fr 10–19 Uhr, Sa 11–17 Uhr, Mittagessen ab 12 Uhr

NEUSTADT

Top!

Gudberg Nerger

Das Mekka der Independent-Magazine und -Bücher heißt in Hamburg Gudberg Nerger. Im Store verkauft der Verlag eigene Bücher, aber auch Bücher von spannenden Kreativen aus den Bereichen Kunst, Fotografie, Illustration, Reise, Design, Architektur und Lifestyle.
Poolstraße 8, Tel.: 040/819 51 50, www.gudbergnerger.com, Öffnungszeiten: Mo–Fr 10–18 Uhr, Sa 12–18 Uhr

STERNSCHANZE

Cohen + Dobernigg

Ein Besuch bei Cohen + Dobernigg lässt sich perfekt mit einem Schanzenflohmarkt-Stopp verbinden. Beim Betreten des Buchladens fällt einem sofort das ringförmige Bücherregal auf, das mit erzählender Literatur und Büchern zu den Themen Film, Theater, Popkultur, Design, Fotografie, Reise und Mode bestückt ist. Regelmäßig finden hier tolle Lesungen statt.
Sternstraße 4, Tel.: 040/401 85 11-0, www.codobuch.de, Öffnungszeiten: Mo–Fr 10–20 Uhr, Sa 10–18 Uhr

COHEN + DOBERNIGG

Flohmärkte

BARMBEK

Kultur-Flohmarkt Barmbek

Auf dem weitläufigen Hof des Museums für Arbeit in Barmbek findet der schöne Kultur-Flohmarkt statt. Einmal im Monat, samstags oder sonntags, verkaufen hier nur Privatleute, keine Händler. Das Café LüttLiv (Maurienstraße 19) in der Barmbeker Zinnschmelze bietet sich perfekt für eine Pause vom Stöbern an.
Wiesendamm 3
Der Flohmarkt findet einmal im Monat statt. Termine unter www.marktkultur-hamburg.de, Öffnungszeiten: 9–17 Uhr

EPPENDORF

Antik- und Flohmarkt Lehmweg

Mit Glück findet man beim Flohmarkt am Lehmweg in Eppendorf tolle Vintage-schätze von großen Designern oder Wohnaccessoires und Möbel von bekannten Interior-Brands. Früh stöbern lohnt sich!
Lehmweg, zwischen Hoheluftchaussee und Hegestraße, findet viermal im Jahr statt

INNENSTADT

Mädelsflohmarkt

Goodie-Bags, Lieblingsstücke, die auf der Suche nach neuen Besitzerinnen sind und entspannte DJ-Sets – nicht ohne Grund ist die Schlange zum Mädelsflohmarkt oft ein paar hundert Meter lang. In den warmen Monaten findet der Flohmarkt draußen und im Herbst und Winter in einer Location statt.
Termine und Locations werden auf Facebook bekannt gegeben: www.facebook.com/maedelsflohmarkt.das.original, mehrmals im Jahr, ca. 12–17 Uhr

WEITER AUF SEITE 60 →

Frischeparadies – Große Elbstraße 210, Altona / *Deichtorhallen* – Deichtorstraße 1, Altstadt / *Hamburger Kunsthalle* – Glockengießerwall, Altstadt / *Affenfaust Galerie* – Paul-Roosen-Straße 43, St. Pauli / *Rialto* – Michaelisbrücke 3, Innenstadt / *Schauermann* – St. Pauli-Hafenstraße, St. Pauli / *Krug* – Paul-Roosen-Straße 35, St. Pauli / *Bistro Carmagnole* – Juliusstraße 18, Sternschanze / *Neumann's* – Grindelhof 77, Rotherbaum / *Restaurant Brücke* – Innocentiastraße 82, Harvestehude

Alexandra Osmers

Geschäftsführerin Network PR

Was mögen Sie an Hamburg besonders?

Hamburg vereint für mich alle anderen Großstädte Deutschlands – für jeden ist hier etwas dabei. Oft haben die unterschiedlichen Stadtteile fast schon einen provinziellen Charakter, was ich sehr mag. Ich kenne wenige Plätze, die so weltoffen und liberal, gleichzeitig aber so heimelig geblieben sind.

Wo sind Sie am Wochenende in Hamburg am liebsten unterwegs?

Ich mache mich lieber auf in die Randbezirke. Spazierengehen am Falkensteiner Ufer oder in den Boberger Dünen, Radfahren im Alstertal oder Reiten im Klövensteen – Hauptsache Natur und abschalten.

Ihre Shoppingtipps?

Meine persönlichen Favoriten sind Ottensen, rund um die Ottensener Hauptstraße, die Lange Reihe in St. Georg und die Wohlwillstraße in St. Pauli. Für Kulinarisches ist das *Frischeparadies* an der Großen Elbstraße immer ein tolles Shopping-Highlight.

Welche Galerien und Museen sollte man besuchen?

Ich bin hin und wieder gerne in den *Deichtorhallen* oder in der *Kunsthalle*. Eine der besten Galerien ist für mich im Moment die *Affenfaust Galerie* auf St. Pauli mit einem spannenden Mix aus etablierten und neuen Street-Art-Künstlern.

Wo gehen Sie in Hamburg besonders gerne essen?

Zu meinen Lieblingsplätzen zählen seit Jahren das *Rialto* und das *Schauermann*. Und im *Krug* auf dem Kiez bin ich in letzter Zeit wieder häufiger. Neu entdeckt habe ich kürzlich das *Bistro Carmagnole* in der Schanze. Außerdem mag ich das *Neumann's* und die *Brücke*.

FLOHSCHANZE

KAROVIERTEL

Messehallen Winterflohmarkt

Wenn es zu kalt für Open-Air-Flohmärkte ist, kommt der Messehallen-Flohmarkt ins Spiel. Rund 500 Händler verkaufen jeweils an vier Terminen im Herbst und im Winter ihren Trödel und Antikes in zwei bis drei Hallen des Hamburger Messegeländes.

Hamburger Messehallen, St. Petersburger-Straße 1, findet viermal im Herbst und im Winter statt, Termine: www.melan.de, Öffnungszeiten: 8–17 Uhr, Eintritt: ca. 3,50 Euro

STERNSCHANZE

Flohschanze

Top!

Wer Flohmärkte liebt und Hamburg besucht, kommt am Schanzenflohmarkt kaum vorbei. Jeden Samstag findet der wohl bekannteste Flohmarkt Hamburgs bei der alten Rinderschlachthalle statt und ist der perfekte Ausgangspunkt, um danach dem Karoviertel, der Schanze oder der neuen Rindermarkthalle einen Besuch abzustatten.

Neuer Kamp 30, alte Rinderschlachthalle zwischen Sternstraße und Marktstraße, jeden Samstag 8–16 Uhr

ROTHERBAUM

Turmweg-Flohmarkt

Zweimal im Jahr findet der beliebte Flohmarkt am Turmweg statt. In der schönen Straße mit herrschaftlichen Häusern verkaufen Hamburgs gut betuchte Bewohner ausrangierte Designerstücke, edlen Trödel und coole Vintageteile.

Turmweg, findet zweimal jährlich im April und im September statt

UHLENHORST

Flohmarkt Immenhof

Klein und fein ist der Flohmarkt Immenhof, der direkt am schönen Kuhmühlenteich liegt und viermal im Jahr stattfindet.

Immenhof, viermal im Jahr, 9–16 Uhr

WILHELMSBURG

FlohZinn

FlohZinn, der Flohmarkt in den Zinnwerken in Wilhelmsburg, zählt zu den unterhaltsamsten Flohmärkten in Hamburg und findet jeden ersten Sonntag im Monat statt. Neben Schnäppchen jagen kann man sich in der Lounge mit orientalischen Teppichen eine kleine Pause gönnen und der wechselnden Livemusik lauschen.

Zinnwerke, Am Veringhof 7, jeden ersten Sonntag im Monat 10–16 Uhr

WINTERHUDE

Flohmarkt beim Goldbekhaus

Bei Crêpes und Butterkuchen kann man den charmanten Flohmarkt auf dem Hof des Goldbekhauses, direkt am Kanal, am besten genießen. Der Flohmarkt findet an zehn Terminen von Mai bis September statt.

Moorfuhrtweg 9, www.goldbekhaus.de/maerkte, 10–16 Uhr

Babys & Kids

EIMSBÜTTEL

Sprösslinge Design

Kissen von Ferm, Kinderbetten von Mimm und Holzspielzeug von Janod – Interior-Designerin Britta Rabe wählt die Produkte für ihren Store nach drei Kriterien aus: gutes Design, hohe Qualität und eine umweltgerechte Herstellung. We like!

Eppendorfer Weg 109, Tel.: 040/38 63 20 01, www.sproesslingedesign.de, Öffnungszeiten: Di–Fr 10–18 Uhr, Sa 10–15 Uhr

Unique Love

Wer auf der Suche nach einem individuellen Hamburg-Mitbringsel fürs Baby oder Kind ist, ist im Store von Designerin Antje Arik genau richtig. Hier verkauft sie ihr gleichnamiges Label, von der „Hallo kleiner Hamburger"-Karte bis zum selbst gemachten Wolken-Mobile.

Bellealliancestraße 38, Tel.: 0178/520 54 09, www.uniquelove-shop.de, Öffnungszeiten: Fr 15–18 Uhr, Sa 12–15 Uhr

EPPENDORF

Little Foshi

Monster-Stofftiere sitzen auf den Regalen, ein Tipi steht im Raum, und süße Kidswear hängt an den Stangen. Der Concept-Store Little Foshi ist ein kleines Baby- und Kinderparadies. Tolle Glückwunsch- und Postkarten sowie Deko von Meri Meri sind hier ebenfalls zu finden.

Lehmweg 32, Tel.: 040/41 42 55 95, www.littlefoshi.de, Öffnungszeiten: Mo–Fr 9.30–18.30 Uhr, Sa 10–16 Uhr

STERNSCHANZE

Kleinerdrei

Bei Kleinerdrei gibt's alles für Menschen unter drei, von der Rassel bis zum Strampler, vom Geschirr bis zum Schnuller. Ergonomie, Schadstofffreiheit und Nachhaltigkeit spielen für das fünfköpfige Team, von der Hebamme bis zum Papa, bei der Auswahl eine besonders große Rolle.

Eifflerstraße 43, Tel.: 0176/63 20 90 35, www.kleinerdrei.co, Öffnungszeiten: Mo–Mi & Fr 10–18 Uhr, Do 10–19 Uhr, Sa 12–17 Uhr

KLEINERDREI

Hund & Katz

BLANKENESE

Mellow Bello

Ein Besuch bei Mellow Bello lässt sich perfekt mit einem Ausflug zum Falkensteiner Ufer verbinden – oder umgekehrt. Die hochwertigen Produkte vom Spielzeug übers Halsband bis zum Futter sind liebevoll und gewissenhaft ausgesucht. Die naturbelassenen Kauartikel aus dem Allgäu sind in Hamburg stadtbekannt.
Dockenhudener Straße 4–6, Tel.: 040/866 28 20-0, www.mellow-bello.de, Öffnungszeiten: Mo & Fr 10–18 Uhr, Di–Do 14–18 Uhr, Sa 10–13 Uhr

EIMSBÜTTEL

Poodlewohl

Ein Bioladen für Hund und Katz – das ist Poodlewohl. Hier trifft Biofutter auf nachhaltig und fair produziertes Zubehör und eine gute persönliche Beratung.
Schulweg 45, Tel.: 040/43 27 77 61, www.poodlewohl1.jimdo.com, Öffnungszeiten: Mo–Fr 11–19 Uhr, Sa 10–16 Uhr

ST. GEORG

Pet Shop Boyz

Top!

Im Herzen von St. Georg liegt der gepunktete Laden mit roter Treppe und gelber Schrift namens Pet Shop Boyz. In dem außergewöhnlichen Shop im Stil eines Kolonialwarenladens spielen Trends in der Tierwelt genauso eine Rolle wie hohe Qualität, Nachhaltigkeit und eine individuelle Beratung für Zwei- und Vierbeiner.
Schmilinskystraße 15, Tel.: 040/28 80 36 10, www.petshopboyz.de, Öffnungszeiten: Mo–Fr 10–20 Uhr, Sa 10–18 Uhr

WINTERHUDE

Futterneid

Futterneid-Shopbesitzerin Melanie Weiß setzt auf Produkte made in Germany: Das Frischfleisch kommt aus Niedersachsen und wird täglich geliefert, und Leckerlis und Kauartikel stammen ebenfalls aus deutschen Betrieben. On top gibt's handgemachte Hundeleinen und Halsbänder.
Gertigstraße 6, Tel.: 040/650 54 82-0, www.futterneid-hamburg.de, Öffnungszeiten: Mo–Fr 10–19 Uhr, Sa 10–15 Uhr

PET SHOP BOYZ

HAMBURGS ARCHITEKTUR

Bunte Container, graue Stahlkräne, kleine und große Schiffe, neue Brücken, alte Speicher, breite Fleete, schmale Kanäle – Hamburg ist eine Hafenstadt, und wenn etwas das Stadtbild bestimmt, dann ist es das Wasser. Man könnte meinen, jegliche Architektur ist an das kühle Nass angelehnt, wird von ihm bedingt, begrenzt, umspielt und genehmigt – von den verspielt-vornehmen Jugendstilvillen in Alster- oder Elbnähe über die blitzende Coolness moderner Glaskonstruktionen wie das *Dockland* oder die *Tanzenden Türme* bis hin zu den heimelig anmutenden Kontorhäusern voller Gewürz-, Tee- und Kaffeegeschichten in der Speicherstadt.

Lassen Sie sich also vom Wasser leiten und durch die Stadt spülen! Sie werden schnell bemerken, dass Hamburg sich mehr denn je im Wandel befindet. Die stetig wachsenden Einwohnerzahlen sprengen die Kapazität der Stadt, an vielen Orten lässt sich die Stadterweiterung und -erschließung oder auch die Umgestaltung neuer und alter Gebiete beobachten – von Rothenburgsort über Steinwerder und Wilhelmsburg bis zur *Hafencity* und weiter in die City Nord. Letztere war einst eine hypermoderne Bürostadt, der nun zu neuem Glanz verholfen wird. Dabei wird die Stadt mal mit viel Glas und Stahl neu erfunden und modern interpretiert, mal wird auf identitätsstiftende Baumaterialien wie Klinker und Backstein zurückgegriffen – und mal wird beides vermischt. Bahnsteigbrücken an der Kellinghusenstraße werden rekonstruiert, Häuserblocks in Ottensen revitalisiert und alte Markthallen und Kaffeebörsen zeitgemäß umgenutzt.

Der Stadtteil *Wilhelmsburg* steht dabei besonders im Rampenlicht. Im Rahmen der Internationalen Bauausstellung 2013 wurden bisher 70 verschiedene Projekte auf der Elbinsel realisiert: Wohnhäuser und Bildungseinrichtungen, neue Orte für Kreative, Energiebunker und Parks sind so entstanden. Alle für sich kleine Wunder der Architektur: Da ist das BIQ mit einer Fassade, in der Algen die Energie produzieren, der Woodcube, ein Wohngebäude in Vollholzbauweise, oder das grüne Smart-Haus, ein

DOCKLAND

Wohnhaus, das mehr Energie produziert, als es selber verbraucht. Trotz der modernen Bauten verliert Wilhelmsburg dabei zum Glück weder sein Multikulti- noch das raue Hafenarbeiter-Flair.

Dem Umbau in der Stadt stehen einmalige architektonische Denkmäler gegenüber, lebhaft spürbar an den denkmalgeschützten Highlights Hamburgs: das Kontorhausviertel mit dem *Chilehaus,* die historische *Deichstraße* mit ihren Fachwerkhäusern und natürlich die *Speicherstadt* mit ihren beeindruckenden Lagerhäusern und den sechs Fleeten, überspannt von rund zwanzig wunderschönen Brücken. Und bei einem Spaziergang durch das geschichtsträchtige *Gängeviertel,* das von einer Bürgerinitiative vor dem Verfall und Verkauf gerettet wurde und nun ein Raum für Neues ist, lässt sich Kunst im öffentlichen Raum entdecken.

Wer ein bisschen weiter rausfährt, immer an der Elbe entlang, gelangt schließlich zum romantischen *Treppenviertel* in Blankenese, ein Kleinod aus lauter verwinkelten Gassen, Häuschen und Kleingärten. Wer die zig Stufen nach unten läuft, hat einen wunderschönen Ausblick auf die Elbe – und auf Hamburgs größte architektonische Herausforderung: die *Elbphilharmonie.* Ein bisschen wird es noch dauern, bis sie einen Platz in den Herzen der Hamburger erobert hat, aus Hamburgs Skyline ist sie schon jetzt nicht mehr wegzudenken. — LISA VAN HOUTEM

SPEICHERSTADT

Alter Elbtunnel

Wer den Alten Elbtunnel noch nicht live bewundert hat, kennt ihn vermutlich von zig Künstler- oder Bandporträts, die 24 Meter unter der Erde geschossen wurden. Zu verlockend ist der Charme der hellgelb gekachelten Tunnelröhre mit ihrer schmalen grauen Fahrbahn. 1911 wurde der St. Pauli-Elbtunnel eröffnet, der damals als technische Sensation galt und seit 2003 unter Denkmalschutz steht. Mit seinen 425 Metern verbindet der Alte Elbtunnel die nördliche Hafenkante mit der Elbinsel Steinwerder. Los geht es mit dem Aufzug, der Autos und Fahrradfahrer in Fahrkörben in die Tiefe befördert. Im Tunnel läuft man an kleinen Steinreliefs vorbei, die mit Abbildungen von Muscheln, Krebsen, Fischen, aber auch Ratten die Elbe thematisieren, bevor man auf der anderen Elbseite wieder ans Tageslicht zurückkehrt und Wilhelmsburg erkunden kann.
Bei den St. Pauli-Landungsbrücken

Dockland

Am besten schaut man sich ihn vom Schiff aus an, den messerscharfen Glaskomplex in Schiffsform unweit des Fischereihafens, gebaut vom Hamburger Büro BRT Architekten Bothe Richter Teherani. Das sechsgeschossige Bürogebäude, das wie ein Schiffsbug über das Wasser hinausragt, ist mit seinem Querschnitt in Form eines Parallelogramms eine architektonische Meisterleistung – und ein beliebtes Fotomotiv. Seit der Einweihung 2006 spiegeln sich in seinen Scheiben mal die Wolken, mal die Abendsonne und mal der Sonnenaufgang, immer überirdisch schön und mit einer ganz besonderen Magie. 140 Stufen sind es bis zur Dachterrasse, von der aus man die Köhlbrandbrücke bestaunen kann. Eine Besonderheit im Gebäude sind die diagonal verkehrenden Personenaufzüge.
Van-der-Smissen-Straße 9

ALTSTADT

Chilehaus

Mitten im denkmalgeschützten Kontorhausviertel, zwischen Steinstraße, Meßberg, Klosterwall und Brandstwiete, liegt das weltberühmte Chilehaus – sofort zu erkennen an der an einen Schiffsbug erin-

ELBPHILHARMONIE

nernden Spitze, die nach Osten weist und den schönen Klinkerdetails. Das Kontorhaus im Stil des Backsteinexpressionismus des frühen 20. Jahrhunderts wurde 2015 zum UNESCO-Weltkulturerbe ernannt. Gebaut wurde das Haus, das mit seinen zehn Stockwerken als eines der ersten Hochhäuser Hamburgs gilt, 1922 bis 1924 von Fritz Höger. Heute befindet sich im Erdgeschoss des Chilehauses eine spannende Mischung aus gastronomischen Angeboten und Geschäften. Die Kunstgalerien im Kontorhausviertel sind nur einen Katzensprung entfernt.
Fischertwiete 2

Deichstraße

Es wird einem richtig warm ums Herz, wenn man durch dieses Kleinod zwischen Innenstadt und Speicherstadt schlendert: Die historische Deichstraße am Nikolaifleet weist das letzte erhaltene Ensemble althamburgischer Bürgerhäuser auf. Die hübschen Fachwerkhäuser wurden in der frühen Neuzeit auf den Deichen gebaut, da Hamburg angesichts des zunehmenden Handels einen Aufschwung erfuhr und Lösungen für den Platzmangel in der Stadt suchte. Das letzte als Außendeichhaus erbaute barocke Hamburger Kaufmannshaus wurde 1686 errichtet und vereint Kontor-, Wohn- und Lagerhaus unter einem Dach. Heute erfreut man sich an den Ladeluken und Flaschenzügen, den hübschen Restaurants und Seemannsläden.
Deichstraße

Speicherstadt

In kaum einer anderen Stadt wurde die Architektur so stark vom Außenhandel geprägt wie in Hamburg – das beste Beispiel dafür ist die Speicherstadt. Der historische Lagerhauskomplex im Hamburger Hafen, der ab 1883 auf Eichenpfählen gebaut wurde, steht seit 1991 unter Denkmalschutz und gehört seit Juli 2015 mit dem benachbarten Kontorhausviertel zum UNESCO-Weltkulturerbe. Die beeindruckenden Speicherböden, zwanzig Stahlbrücken und kleinen Fleete erzeugen eine einmalige Atmosphäre – vor allem abends, wenn die Backsteinbauten erleuchtet sind. Früher wurden hier Kaffee, Tee und Gewürze gelagert, heute befinden sich in den Speichern Start-up-Unternehmen, Agenturen, Teppichhändler und Museen.
Mit der U3 bis Baumwall, dann über die Niederbaumbrücke gehen

BLANKENESE

Treppenviertel

Planen Sie für einen Besuch des Blankeneser Treppenviertels viel Zeit ein: Man kann sich gar nicht sattsehen an den zig verwinkelten Gassen, den kleinen Häusern und Villen mit den hübschen Gärten und den 5.000 Stufen bis zum Elbstrand. Hinter jeder Ecke dieses Positanos des Nordens gibt es etwas Neues zu entdecken, und ist man erst mal unten angekommen, ist der Blick zurück nach oben atemberaubend. Anschließend kann man Blankenese erkunden, einst ehemaliges Fischerdorf, heute eins der teuersten Viertel auf hamburgischem Stadtgebiet. Oder man besteigt den Süllberg und hat einen traumhaften Ausblick von oben.
Zwischen Am Kiekeberg und Strandweg

HAFENCITY

Elbphilharmonie

Vielleicht wird der Elbphilharmonie das gleiche Schicksal zuteil wie der Oper von Sydney: Diese wurde erst von den Sydneysiders verachtet, dann heiß und innig geliebt. Es war kein einfacher Start mit der Elbphilharmonie und den Hamburgern: Die Baukosten für den Entwurf der Architekten Herzog & de Meuron, der die denkmal-

geschützte Backsteinfassade mit einem gläsernen Aufbau mit geschwungener Dachform versieht, stiegen seit dem Baubeginn 2007 aufgrund von Planungsfehlern ins Unermessliche, der Bau wurde immer wieder unterbrochen und verzögert. An die Eröffnung im Herbst 2016 will man noch immer nicht so ganz glauben. Viele Hamburger und vor allem Kulturschaffende können diese dennoch kaum erwarten und freuen sich auf das Musikprogramm in den insgesamt drei Konzertsälen.
Am Kaiserkai

Hafencity

Manche sehen in der Hafencity, Europas größtem innerstädtischen Stadtentwicklungsprojekt, eine seelenlose Trabantenstadt für Bürger aus den oberen Einkommensschichten, andere wiederum die hypermoderne Zukunft von Hamburgs Stadterweiterung am Wasser. Ein paar Jahre wird es wohl noch dauern, bis die auffälligen Publikumsmagneten wie der Marco-Polo-Tower, der Holzhafen und die Magellan-Terrassen harmonisch mit den Wohnblöcken und verglasten Prachtbauten verschmelzen, die gepflanzten Bäume und hier ansässigen Menschen Wurzeln schlagen. Spannend zu beobachten ist das neue Quartier direkt am Wasser, das ständig sein Gesicht verändert, allemal.
Mit der U4 bis Überseequartier

NEUSTADT

Gängeviertel

Das Gängeviertel wurde ursprünglich mit Fachwerkhäusern bebaut, deren Wohnungen zumeist nur durch schmale Straßen, Torwege, verwinkelte oder labyrinthartige Hinterhöfe und die namensgebenden Gänge zwischen den Häusern zu erreichen waren. Eine Genossenschaft, von Künstlern, Anwohnern und Unterstützern gegründet, rettete das geschichtsträchtige Gängeviertel 2009 vor dem Verfall, Abriss und Verkauf – um in der Hamburger Innenstadt einen Raum zu schaffen, in dem Neues entstehen kann. 200 Künstler besetzten damals unter der Schirmherrschaft von Daniel Richter das Gängeviertel. Seitdem haben Gäste aus aller Welt Ausstellungen, Konzerte, Partys und Lesungen besucht oder über Stadtentwicklung diskutiert. Eine von den örtlichen Künstlern gegründete Genossenschaft soll die Häuser nach

TANZENDE TÜRME

GÄNGEVIERTEL

MARCO-POLO-TOWER, HAFENCITY

der Sanierung verwalten. Derzeit verhandelt sie mit der Stadt Hamburg über die Zukunft des Viertels.
Valentinskamp 39

ST. PAULI

Tanzende Türme

Irgendwie ist es schon passend, Hamburgs sündige Meile, die am Wochenende mehr Promille als so manche Kleinstadt hat, durch zwei beschwipste Türme zu betreten. Schuld sind nicht die Promille, sondern Stararchitekt Hadi Teherani, der die zwei Türme, 85 und 75 Meter hoch, aus Glas und Stahl mit der geknickten Fassadenkonstruktion entworfen hat. Sie sollen nach eigener Aussage einen Mann und eine Frau symbolisieren, die Tango tanzen.
In dem Gebäudekomplex sind hauptsächlich Büros untergebracht, ganz oben befindet sich die Clouds Bar mit Dachterrasse, im Erdgeschoss und auf zwei Ebenen im Untergeschoss ist der Mojo Club eingezogen.
Reeperbahn 1

WILHELMSBURG

Quartier Wilhelmsburg

1962 markiert das Jahr der großen Sturmflut, die Wilhelmsburg komplett verwüstete. Richtig erholt hat sich das Quartier, das zu einem Problemstadtteil degradiert wurde, nie. Seit der Internationalen Bauausstellung IBA 2013 zieht in Wilhelmsburg die Moderne ein: Aus einem Bürgerbegehren heraus enstand eines der größten Stadtentwicklungsprojekte Europas.
70 Projekte wurden mittlerweile auf einer der größten bewohnten Flussinseln Europas, im Harburger Binnenhafen und auf der angrenzenden Veddel realisiert. Dabei geht es neben der Beseitigung von Altlasten und einer besseren Anbindung der Stadtteile südlich der Norderelbe an die Hansestadt vor allem um Perspektiven für die Kinder und Jugendlichen sowie um zukunftsweisende Wohnungsneubauten. Aber auch darum, ursprüngliche Anwohner nicht zu verdrängen und das Multikulti-Herz des Stadtteils zu erhalten. Heute kann man bei einem Ausflug auf die Insel zahlreiche architektonische Wunder bestaunen: Hybridhäuser mit veränderbaren Räumen, intelligente Klimahäuser oder futuristische Holzhäuser wie das Wälderhaus, das sich dem Thema Wald widmet.

HEJ PAPA

Essen & Trinken

HAMBURGS GASTRO-SZENE VERFÜHRT MIT KREATIVER GOURMETKÜCHE, EINEM MIX AUS REGIONALEM UND INTERNATIONALEM, LÄSSIGEN CAFÉS UND LIEBE ZUM HANDWERK.

WER DENKT, Hamburg hätte nur Fischbrötchen und Labskaus zu bieten, der irrt gewaltig. In den letzten Jahren haben eine ganze Reihe neuer Restaurants eröffnet, die von jungen, kreativen Köchinnen und Köchen betrieben werden. Aus regionalen Zutaten und verschiedenen internationalen Einflüssen – von französisch über österreichisch bis indisch – kreieren sie eine abwechslungsreiche, moderne Küche auf hohem Niveau. Dazu gehört auch, dass die Gerichte kunstvoll angerichtet werden und dass sich dieser visuelle Anspruch auch in der Gestaltung der Restaurants wiederfindet. Die Rede ist jedoch nicht von prominenter Sterne-Gastronomie, sondern von kleinen Lokalen, die oft nur wenig Platz bieten, sodass die Gäste nah beieinander sitzen, die mit viel Liebe betrieben werden und so heiß begehrt sind, dass es häufig etwas Glück braucht, einen Tisch zu ergattern (viele von ihnen werden im Kapitel „Fusion & Saisonal" vorgestellt, aber auch in der Kategorie „Vegetarisch & Vegan" finden sich einige Tipps, die zu dieser Beschreibung passen). In der Regel finden es die Gäste aber gar nicht schlimm, wenn sie sich nicht gleich setzen können, weil sie dann Gelegenheit haben, an der Restaurantbar – wie im *Bistro Carmagnole* oder im *Witwenball* – einen der exzellenten Aperitif-Cocktails zu trinken. Dank dieser Lokale ist es auch bei einem jüngeren Publikum Trend geworden, mit Freunden essen zu gehen und aus dem Restaurantbesuch ein abendfüllendes Programm zu machen.

Aber auch für einen schnellen Lunch oder ein kleines Abendessen finden sich in Hamburg hervorragende Optionen – vom Foodtruck übers coole Biocafé, wie etwa das *Café Johanna* oder das *Hej Papa,* bis zum preiswerten Mittagessen im gehobenen Lokal. Kaum ein Café oder Restaurant, das keine wechselnde Mittagskarte anbietet – eine tolle Möglichkeit, hochpreisige Lokale zu einem weitaus günstigeren Preis kennenzulernen.

Und wer schon morgens gerne außer Haus essen möchte, hat die Qual der Wahl zwischen Dutzenden ausgezeichneten Frühstücksspots, die Müsli, Pancakes, frisches Gebäck und verschiedene Frühstücksteller à la carte anbieten. Brunchbuffets finden sich seltener in Hamburg, dafür gibt es manchmal sogar bis abends Frühstück. Dass Hamburg eine Kaffeestadt ist, wundert nicht, wenn man weiß, dass sich hier der weltgrößte Handelsplatz für Kaffee befindet. Richtig spannend wurde es aber erst in der jüngsten Vergangenheit, als überall

STOCKHOLM ESPRESSO CLUB

CAFÉ JOHANNA

BISTRO CARMAGNOLE

in der Stadt neue Kaffeeröstereien, die sich der „Third Wave Coffee"-Bewegung zuordnen, aufgemacht haben. Kaffeekennerinnen wissen es längst: Latte Macchiato mit Aroma ist passé, Filterkaffee und Flat White sind en vogue. Die Kaffeebohnen kommen aus aller Welt, Hauptsache, sie werden mit Liebe zum Handwerk und zur Aromenvielfalt zubereitet. Da kann es, wie bei der Zubereitung im Siphon (zum Beispiel im *Stockholm Espresso Club),* schon einmal eine Weile dauern, bis der Kaffee fertig ist. Aber dafür schmeckt er unvergleichlich.

Das Pendant zur „Third Wave Coffee"-Bewegung in der Bierbrauerei ist das Craft Beer: in kleiner Stückzahl, dafür aber mit handwerklicher Expertise und viel Kreativität gebraut. Wer unterschiedliche Craft-Biere kennenlernen will, kann sich zum Beispiel im *Braugasthaus Altes Mädchen* (hier finden auch mehrmals im Jahr „Craft Beer Festivals" statt) oder im Shop *Beyond Beer* durchprobieren.

Natürlich gibt es trotz aller Neuerungen noch immer kulinarische Institutionen in Hamburg, die nichts von ihrem guten Ruf und ihrem Charme verloren haben. Dazu zählen das *Gourmetrestaurant im Hotel Louis C. Jacob, Witthüs* und *Lühmanns Teestube* in Blankenese sowie der Italiener *Cuneo* auf dem Kiez und der Japaner *Matsumi* in der Innenstadt.

Und wer in Hamburg trotzdem gerne ein Fischbrötchen essen will, der sollte unbedingt die *Brücke 10* besuchen – oder in der Kategorie „Fisch" in diesem Buch stöbern. — ANNA WEILBERG

FRÜHSTÜCK & CAFÉS

ALTONA

Café Schmidt

In der Konditorei, die ihren Hauptsitz an der Elbe hat, werden Kuchen, Torten, Tartes, Törtchen, Brote, Croissants und anderes Gebäck täglich frisch gebacken. Auch Frühstück steht auf der Karte. Der Besuch lässt sich wunderbar mit einem Spaziergang am Wasser verbinden.
Große Elbstraße 212, Tel.: 040/41 30 67 10-13, www.cafeschmidt.com, Öffnungszeiten: Mo–Fr 8–18 Uhr, Sa & So 10–18 Uhr

KLIPPKROOG

Klippkroog

In diesem entspannten Café mit Industrie-chic-Flair findet man den ganzen Tag über Leckeres: vom Frühstück über das Mittagessen, Kaffee und Kuchen bis zur Abendkarte. Alles wird aus regionalen Zutaten zubereitet.
Große Bergstraße 225, Tel.: 040/57 24 43 68, www.klippkroog.de, Öffnungszeiten: Mo–So 9–24 Uhr

Rain Cafeatery

Top!

Hier treffen sich die coolen Kids zum Pancake- oder Granola-Frühstück, auf einen Avocadosalat und hausgemachten Smoothie oder abends auf ein Craft Beer oder einen Vodka Lemonaid.
Große Rainstraße 15, Tel.: 040/30 39 11 30, www.rain-cafeatery.de, Öffnungszeiten: Mo–Mi 9–18 Uhr, Do–Sa 9–23 Uhr, So 9–18 Uhr

BLANKENESE

Lühmanns Teestube

Monika und Uwe Lühmann haben zwischen alten Möbeln und frischen Blumen eine urgemütliche Teestube geschaffen, die seit über 20 Jahren eine beliebte Anlaufstelle für Frühstück, hausgemachten Kuchen oder warme Gerichte ist. An Sonn- und Feiertagen gibt es Frühstücksbuffet.
Blankeneser Landstraße 29b, Tel.: 040/86 34 41, www.luehmanns-teestube.de, Öffnungszeiten: Mo–Fr 9–23 Uhr, Sa 9–18 Uhr, So 10–23 Uhr

Witthüs

Im Witthüs ist die Welt noch in Ordnung. Das Café in einem reetgedeckten Landhaus aus dem 18. Jahrhundert liegt idyllisch an der Elbchaussee. Nachmittags ist es Café und Teestube mit hausgemachten Kuchen, abends Restaurant. Sonn- und feiertags gibt's Brunchbuffet.
Elbchaussee 499a, Tel.: 040/86 01 73, www.witthues.com, Öffnungszeiten: Di–Sa 14–23 Uhr, So & Feiertag 10–23 Uhr

EIMSBÜTTEL

Glück und Selig

In diesem niedlichen, kleinen Café, das an ein Puppenhaus erinnert, servieren zwei Freundinnen guten Kaffee, üppige Frühstücksteller, Kuchen, frische Waffeln und warme Panini.

MUTTERLAND

Heußweg 97, Tel.: 040/32 51 89 75, www.glueck-und-selig.de, Öffnungszeiten: Di–So 9–18 Uhr

Hallo Kleines
Mitten auf der Weidenallee liegt diese kleine Café-Perle. Hier lässt es sich nicht nur toll frühstücken, auch das liebevoll zubereitete warme Mittagessen ist einen Besuch wert.
Weidenallee 61, Tel.: 040/38 66 93 33, www.hallo-kleines.de, Öffnungszeiten: Di–Fr 10–17 Uhr, Sa & So 10–18 Uhr

Speisekammer
Besonders an den Wochenenden wird es in diesem kleinen Café schnell voll. Wenn man das leckere Frühstück probiert, versteht man, warum. Bei schönem Wetter sitzt es sich auf der Veranda besonders gut.
Weidenstieg 5a, Tel.: 040/40 18 81 24, www.hamburg-speisekammer.de, Öffnungszeiten: Mo–Fr 9–19 Uhr, Sa 9–18 Uhr, So 10–18 Uhr

EPPENDORF

Café Lindtner
In dieser klassischen Konditorei werden täglich saisonale Kuchen und Torten frisch gebacken – besonders berühmt ist der Baumkuchen. Auch Pralinen und Petit Fours werden hier von Hand hergestellt. Probieren kann man die Leckereien im Café oder auf der Terrasse.
Eppendorfer Landstraße 88, Tel.: 040/48 06 00-0, www.konditorei-lindtner.de, Öffnungszeiten: Mo–Sa 8.30–20 Uhr, So 10–19 Uhr

HOHELUFT

Moki's Goodies
Schönes, modernes Café mit großer Frühstücksauswahl, Smoothies und Kuchen. Zum Angebot gehören immer auch vegane, laktose- oder glutenfreie Speisen.
Eppendorfer Weg 171, Tel.: 040/84 89 08 33, www.mokisgoodies.de, Öffnungszeiten: Mi–So 10–18 Uhr

Paledo
Hier wird nach dem Prinzip der Paleo-Ernährung gekocht und zubereitet – also ausschließlich mit natürlichen, unverarbeiteten Lebensmitteln. Obst und Gemüse stammen aus der Region, das Fleisch kommt von Tieren aus Weidehaltung. Zum Frühstück gibt's zum Beispiel Acai-Bowls und Chia-Smoothies, mittags Quinoa, Gemüsepasta oder Rindsgulasch mit Süßkartoffeln.
Lehmweg 31a, Tel.: 01522/734 44 77, www.paledohamburg.de, Öffnungszeiten: Di–Sa 9–18 Uhr

JÖ MAKRÖNCHEN

INNENSTADT

Mutterland

Mutterland ist nicht nur ein angesagter Shop für deutsche Delikatessen und Genießergeschenke, in den Filialen in der Innenstadt und in Eppendorf kann man außerdem gemütlich frühstücken, lunchen oder Kaffee trinken.
Ernst-Merck-Straße 9; außerdem Lenhartzstraße 1 und Poststraße 14, Tel.: 040/28 40 79 78, www.mutterland.de, Öffnungszeiten: Mo–Sa 8–21 Uhr, So 9–19 Uhr

Petit Café

Dieses Traditionscafé ist bekannt für seinen Blechkuchen und Kaffee aus hauseigener Rösterei. Der Kuchen wird in der Backstube in Eppendorf gebacken, zu der auch ein Café gehört.
Hohe Bleichen 20; außerdem Hegestraße 29, Tel.: 040/52 59 60 90, www.petitcafe-hamburg.de, Öffnungszeiten: Mo–Fr 9–19 Uhr, Sa 10–19 Uhr, So 10–18 Uhr

KAROLINENVIERTEL

Gretchens Villa & Zuckerbude

Im Sommer kann man draußen sitzen und dem Treiben auf der belebten Marktstraße zuschauen, während man eine der vielen Frühstücksvarianten genießt. Seit Herbst 2015 hat das Café seine eigene Konditorei, in der neben klassischen Kuchen auch besondere Törtchen gebacken werden.
Marktstraße 142, Tel.: 040/76 97 24 34, www.gretchens-villa.de, Öffnungszeiten: Di–So 10–19 Uhr

NEUSTADT

Café Johanna

In diesem modernen Biocafé treffen sich nicht nur die Mitarbeiter des nahe gelegenen Gruner+Jahr Verlags zum kleinen Frühstück, leckeren Mittagessen (die Salate sind besonders zu empfehlen) oder auf einen Kaffee.
Venusberg 26c, Tel.: 01578/792 58 91, www.cafejohanna.de, Öffnungszeiten: Mo–Fr 8–18 Uhr, Sa 10–18 Uhr

OTTENSEN

Jö Makrönchen

In diesem Café mit offener Backstube fertigen eine Hamburgerin und ein Schweizer echte Schweizer Makrönchen in Dutzenden Sorten – von Klassikern wie Zitrone oder Karamell bis zu Eigenkreationen wie Champagner, Lavendel und Kokosnuss.

HERR MAX

CAFÉ JOHANNA

Friedensallee 6, Tel.: 040/94 78 00 65, www.joe-makroenchen.de, Öffnungszeiten: Di–Fr 11–18.30 Uhr, Sa 11–17 Uhr

STERNSCHANZE

Herr Max

Top!

Weiße und hellblaue Wandkacheln, altes Porzellan und dazu eine kreative Auswahl an Kuchen, Torten und Muffins: Herr Max ist ein zuckersüßes Erlebnis, das glücklich macht. Wer möchte, kann hier auch einen Patisseriekurs belegen.
Schulterblatt 12, Tel.: 040/69 21 99 51, www.herrmax.de, Öffnungszeiten: täglich 10–21 Uhr

Liebes Bisschen

Dieses pastellfarbene Lokal in einem Souterrainlokal mit Retro-Flair ist auf Cupcakes und Petit Fours spezialisiert – von schokoladig bis fruchtig.
Eifflerstraße 47, Tel.: 040/32 96 78 24, www.cookiecouture.de, Öffnungszeiten: Di–So 12–19 Uhr

ST. GEORG

Café Gnosa

Das bekannteste schwul/lesbische Café in Hamburg, das sich mit seinem großartigen Kuchen über die Szene hinaus einen Namen gemacht hat. Frühstück und warme Speisen bekommt man hier auch.
Lange Reihe 93, Tel.: 040/24 30 34, www.gnosa.de, Öffnungszeiten: So–Do 10–24 Uhr, Fr & Sa 10–1 Uhr

ST. PAULI

Café Mimosa

Von der hausgemachten warmen Brioche am Morgen über das Mittagessen bis zum Kuchen wird in diesem kleinen Café alles mit Liebe gemacht.
Clemens-Schultz-Straße 87, Tel.: 040/32 03 79 89, www.cafemimosa.de, Öffnungszeiten: Di–So 10–19 Uhr

Kaffee Stark

Das lässige, gemütliche Kaffee Stark mitten in St. Pauli ist für ein spätes Frühstück (auch vegan) mit Fairtrade-Kaffee genauso beliebt wie fürs Feierabendbier oder für Drinks am Abend.
Wohlwillstraße 18, Tel.: 040/67 38 20 60, www.kaffeestark.de, Öffnungszeiten: täglich 10–24 Uhr

WINTERHUDE

Frau Larsson

Grüße aus Schweden! Hier gibt's Kanelbullar, Köttbullar und andere schwedische Köstlichkeiten – Frühstück, „fika", also schwedischen Kaffee und Kuchen, und ein wechselndes Mittagessen – in hübschem Ambiente.
Peter-Marquard-Straße 13, Tel.: 040/76 97 93 57, www.fraularsson.de, Öffnungszeiten: täglich 10–18 Uhr

WEITER AUF SEITE 82 →

Antonia Wesseloh

Model

Wo trifft man in Hamburg auf spannende Leute?
Die spannendsten und interessantesten Leute findet man definitiv in der Schanze. Das Schanzenviertel ist das Hamburger Williamsburg – hier findet man sehr nette, einfache und entspannte Menschen, die immer für ein Gespräch offen sind.

Ihre liebsten Läden für Interior, Fashion und Accessoires?
Ich liebe die kleinen Stores, die man zum Beispiel auf dem Mühlenkamp in Winterhude oder auch auf der Schanze finden kann. Dort gibt es individuelle und besondere Kleinigkeiten.

Ihr liebster Veggie-Spot?
Das *Happenpappen.* Hier gibt es total leckere Burger, und der ehemalige Chef und Gründer bietet vegane Kochkurse an, die sehr zu empfehlen sind.

Die besten Orte in Hamburg zum Feiern?
Auf dem Kiez gehe ich gerne auf den Hamburger Berg. Wenn ich tanzen will, gehe ich gerne ins *Noho* oder ins *Upper East.* Super Leute, super Musik – das macht super Laune!

Welches Viertel mögen Sie am liebsten und warum?
Ich wohne in Winterhude und mag das Viertel am liebsten. Hier sind alle meine Lieblingscafés und -geschäfte um die Ecke.

Happenpappen – Lappenbergsallee 41, Eimsbüttel / *Noho* – Nobistor 10, St. Pauli / *Upper East* – Simon-von-Utrecht-Straße 31, St. Pauli

Kaffeeröstereien & Coffeeshops

Kaffee spielt in Hamburg eine besondere Rolle. Schließlich entstand in der Speicherstadt Ende des 19. Jahrhunderts der größte Kaffeemarkt der Welt – und noch heute ist Hamburg der weltgrößte Handelsplatz für die dunklen Bohnen.
Da überrascht es nicht, dass man in Hamburg eine Reihe hervorragender Kaffeeröstereien findet, die exzellenten Kaffee verkaufen und zubereiten. Besonders in den letzten Jahren erlebte Hamburg einen neuen Kaffeeboom, als überall in der Stadt junge, moderne Kaffeeröstereien eröffneten. Dabei wird das Handwerk großgeschrieben und viel Wert auf Qualität gelegt. Hier bekommt man alles vom cremigen Flat White bis zum Cold Brew Coffee – und natürlich Bohnen für jeden Geschmack zum Mitnehmen.

Codos

Diesen kleinen Coffeeshop übersieht man leicht – aber das wäre schade! Schließlich bekommt man hier sehr guten Kaffee zum Mitnehmen, und Frozen Joghurt gibt es auch.
Bartelsstraße 26, www.facebook.com/codos.hh, Öffnungszeiten: Mo–Fr 8–19 Uhr, Sa 10–20 Uhr

Elbgold

Top!

Mitten im Schanzenviertel, aber etwas versteckt in den Schanzenhöfen, liegt die Kaffeerösterei Elbgold, die Kaffeebohnen aus aller Welt verarbeitet. Zur Rösterei gehört auch ein Café, in dem sich die Kaffeesorten zusammen mit Kuchen, Bagels oder frischen Croissants direkt probieren lassen.
Lagerstraße 34c, Tel.: 040/23 51 75 20, www.elbgold.com, Öffnungszeiten: Mo–Fr 8–19 Uhr, Sa 9–19 Uhr, So 10–18 Uhr

Less Political

Lässiges Café mit Industrie-Interieur und einer Liebe zu gutem Filterkaffee. Das passende Zubehör kann man hier auch kaufen.
Sternstraße 68, www.lesspolitical.de, Öffnungszeiten: Mo–Fr 8.30–19 Uhr, Sa 10–18 Uhr, So 11–18 Uhr

Milch

In diesem hübschen Laden im Portugiesenviertel schmeckt der Kaffee ausgezeichnet – egal, ob als Espresso, Cappuccino oder Iced Coffee. Auch die heiße Schokolade ist exzellent.
Ditmar-Koel-Straße 22, www.facebook.com/milchfeinkost, Öffnungszeiten: Di–Fr 8.30–18 Uhr, Sa & So 11–18 Uhr

MILCH

Nordcoast Coffee Roastery

Hier haben sich zwei Kaffeeexperten zusammengetan, um 2015 ihre eigene Rösterei zu eröffnen. 1A-Sorten in chicer Verpackung. Zum Kaffee vor Ort gibt es Panini, Waffeln, Frühstück und Kuchen.

Deichstraße 9, www.nordcoast-coffee.de, Öffnungszeiten: Mo 8.30–18 Uhr, Mi–Fr 8.30–18 Uhr, Sa & So 10–18 Uhr

Playground Coffee
Tolles Mitbringsel: Die Verpackungen der Kaffeesorten mit kreativen Namen sind Kunstwerke – und das werden Connaisseure auch über die Aromen sagen.
Grindelhof 33, Tel.: 0170/308 96 36, Öffnungszeiten: Mo–Fr 9–18 Uhr, Sa & So 10–16.30 Uhr

Public Coffee Roasters
Geröstet wird in Rothenburgsort, liebevoll zubereitet im Hamburger Laden, in dem es neben Kaffeespezialitäten auch eine gute Auswahl an Lifestyle-Zeitschriften zum Schmökern gibt.
Wexstraße 28, Tel.: 0176/93 17 15 80, www.publiccoffeeroasters.com, Öffnungszeiten: Mo & Di 9–18 Uhr, Mi 12–18 Uhr, Do & Fr 9–18 Uhr, Sa 11–17 Uhr

Speicherstadt Kaffeerösterei
Traditionelle und touristische Kaffeerösterei in der Speicherstadt, die ein großes Café und einen Laden mit umfangreichem Sortiment beinhaltet. Auch Kaffeeverkostungen werden hier angeboten.
Kehrwieder 5, Tel.: 040/31 81 61 61, www.speicherstadt-kaffee.de, Öffnungszeiten: Mo–So 10–19 Uhr

Stockholm Espresso Club
Stylishes Café, dessen schwedischer Besitzer genauso aussieht wie der Mann auf dem Logo des Stockholm Espresso Club. Wer einen frisch gebrühten Kaffee aus dem Siphon bestellt, bekommt ein kleines Spektakel geboten – und das Ergebnis schmeckt bemerkenswert.
Peter-Marquard-Straße 8, Tel.: 0160/483 73 61, www.stockholmespressoclub.de, Öffnungszeiten: Mo–Fr 8–19 Uhr, Sa, So & Feiertag 10–18 Uhr

Tornqvist Coffee
Kein stationärer Laden, sondern ein kleiner, chicer Kaffeewagen: Linus zaubert aus direkt gehandelten, in Stockholm gerösteten Bohnen erstklassige Kaffeekreationen. Mit seinem umgebauten Retro-VW-Bus, der als Kaffeebar dient, ist er auf vielen Märkten und Events zu Gast. Die aktuellen Standorte erfährt man auf seiner Facebookseite.
www.tornqvistcoffee.com, facebook.com/visit.tornqvist

Torrefaktum
Wenn hier geröstet wird, zieht das Aroma durch ganz Ottensen. In dem von der Inhaberin gestalteten Laden kann man dann die verschiedenen Sorten und Röstungen, zusammen mit kleinen Leckereien, probieren.
Bahrenfelder Straße 237, Tel.: 040/298 12 63-10, www.torrefaktum.de, Öffnungszeiten: Mo–Fr 8–19 Uhr, Sa 10–18 Uhr

Eisdielen

EIMSBÜTTEL

Eiszeit
Von Marzipaneis über Topfeneis mit Holunder bis zu „Kalter Hund"-Eis mit Keksen ist in der großen, wechselnden Auswahl definitiv für jeden Geschmack etwas dabei. Neben Eimsbüttel gibt es auch Filialen in Winterhude und Eppendorf.
Müggenkampstraße 36; außerdem Eppendorfer Landstraße 33; Mühlenkamp 46, www.eiszeit-eis.de, Öffnungszeiten: täglich 12–18 Uhr (im Sommer länger)

NEUSTADT

Eiskantine
Neben besonderen Eissorten bietet dieses Café auch fairen Kaffee, Quiches, Panini und Gebäck an.
Kohlhöfen 10, Tel.: 040/18 04 84 24, www.eiskantine.com, Öffnungszeiten: Mo–Fr 10–18 Uhr, Sa & So 9–18 Uhr

OTTENSEN

Eisliebe
In dieser Eisdiele muss man unbedingt Sorten wie Lakritz, Pinie, Crema di Riso mit Beerensauce und Mohn probieren. Auch in Eppendorf gibt es eine Filiale. Im Winter ist Pause.
Bei der Reitbahn 2; außerdem Eppendorfer Weg 170, Tel.: 040/39 80 84 82, Öffnungszeiten: täglich 12–20 Uhr (im Sommer länger)

STERNSCHANZE

Die Eisbande
Neben Klassikern gibt es hier viele vegane Sorten – von Hanfeis bis veganem Cheesecake-Eis. Im Winter ist Pause.
Bartelsstraße 1, Tel.: 040/35 07 16 53-0, Öffnungszeiten: Mo–So 12–20 Uhr

Eis Schmidt
Leckere Eissorten von cremig-süß bis fruchtig-leicht und auch veganes Eis – allerdings sind die Preise stattlich.
Schulterblatt 78; außerdem Eppendorfer Landstraße 96; Ottenser Hauptstraße 37, www.eis-schmidt.com, Öffnungszeiten: täglich 12–22 Uhr

ST. PAULI

Luicella's
Top!

Schwer zu sagen, welche Eissorte hier am besten schmeckt: Karamell-Salz, Joghurt-Sanddorn, Zitrone-Thymian, Franzbrötchen, Oreo …? Welche kreativen Sorten es gibt, erfährt man tagesaktuell auf Facebook. Es ist auch immer veganes Eis dabei.
Detlev-Bremer-Straße 46, Tel.: 040/94 79 30 09, https://luicellas.wordpress.com, Öffnungszeiten: Mo–Sa 12–21 Uhr, So 12–20 Uhr

LUICELLA'S

UHLENHORST

Delzepich Eis
Hier gibt es keine Kugeln, das Eis wird großzügig aufs Hörnchen geschmiert. Die Sorten sind täglich anders, immer kreativ und immer wahnsinnig lecker. Sesam-Krokant, Pancake-Ahornsirup, Litschi, Honig, Holunder … jeden Tag überraschend!
Winterhuder Weg 67, www.delzepicheis.de, Öffnungszeiten: täglich ca. 13–18 Uhr

Vegetarisch & Vegan

ALTONA

Goodies im Veganz
In der Hamburger Filiale des veganen Supermarkts Veganz liegt das Goodies, das vegane Gerichte, Raw Food und frische Smoothies anbietet.
Schützenstraße 21, Tel.: 0176/80 86 71 17, www.facebook.com/goodies.hamburg, Öffnungszeiten: Mo–Sa 9–20 Uhr

Liberty Eis
Neben hausgemachtem veganen Eis in vielen Sorten bekommt man hier auch vegane Kuchen und Torten sowie Sandwiches.
Fischmarkt 11, Tel.: 040/22 60 66 06, www.liberty-hamburg.de, Öffnungszeiten: Mo–Fr 12–19 Uhr, Sa 14–19 Uhr, So 9–19 Uhr

EIMSBÜTTEL

Happenpappen
In der „veganen Wohnküche" kommt jeden Tag ein anderes veganes Mittagsgericht auf den Teller, außerdem Quiches, Suppen, Salate, Desserts und Kuchen. Abends gibt's vegane Burger und am Wochenende ab 11 Uhr Frühstück.

HAPPENPAPPEN

Lappenbergsallee 41, Tel.: 040/85 38 29 66, www.happenpappen.de, Öffnungszeiten: Mo & Di 12–17 Uhr, Mi–Fr 12–22 Uhr, Sa & So 11–18 Uhr

EPPENDORF

Lebeleicht Hamburg *Top!*
Juice Bar und Raw Food-Café mit frischen Smoothies, abgepackten Salaten und anderen kleinen Snacks.
Eppendorfer Landstraße 60, http://lebeleicht-hamburg.de, Öffnungszeiten: täglich 9–18 Uhr

Tassajara
Dieses alteingesessene vegetarische Restaurant bietet internationale Gerichte wie Pasta, Enchilada, Curry, Antipasti, vegetarische Desserts und Vollwertkuchen. Auch viele vegane Optionen!
Eppendorfer Landstraße 4, Tel.: 040/48 38 01, www.tassajara.de, Öffnungszeiten: Mo–Sa 11.30–24 Uhr

GRINDELVIERTEL

La Monella

Vegetarischer Italiener in einem schönen Souterrainlokal. Die Auswahl an Speisen ist riesig, besonders die hausgemachte Pasta ist zu empfehlen.
Hallerplatz 12, Tel.: 040/45 61 62, www.lamonella.de, Öffnungszeiten: Mo–Fr 12–15 Uhr & 18–23 Uhr, Sa 18–23 Uhr

INNENSTADT

Nasch

Dieses kleine, vegan-vegetarische Restaurant im historischen und alternativen Gängeviertel betreiben zwei Freundinnen. Leckeres, wechselndes Mittagessen!

Caffamacherreihe 49, Tel.: 040/35 58 11 85, www.facebook.com/cafenasch, Öffnungszeiten: Di–Fr 9.30–18 Uhr, Sa 11–18 Uhr, So 12–18 Uhr

OTTENSEN

Alohachérie

Rein veganes Restaurant, das deutsche Klassiker neu interpretiert und sie mit mediterranem Einfluss mischt. Sonntags gibt es bis 16 Uhr veganen Brunch.
Friesenweg 5, Tel.: 01522/542 52 88, www.alohacherie.de, Öffnungszeiten: Mo–Mi 11.30–15.30 Uhr, So 11–22 Uhr

Leaf

Im veganen Restaurant Leaf stehen Blackbean-Cevapcici mit Süßkartoffel-Medaillons oder Oceantatar mit geräuchertem Baba Ghanoush an Limetten-Emulsion auf der Karte. Hauptgerichte kosten ab ca. 16 Euro.
Eulenstraße 38, Tel.: 040/87 09 51 77, www.restaurant-leaf.de, Öffnungszeiten: Di–So 17–22 Uhr

SCHANZENVIERTEL

Azeitona

Beliebter Falafelimbiss, der auch viele Sitzplätze und eine große Restaurantkarte hat. Hier bekommt man gute arabische Küche – auch viele vegane Gerichte – zum kleinen Preis. Das zweite Restaurant liegt in Eimsbüttel.
Beckstraße 17; außerdem Osterstraße 172, Tel.: 040/18 00 73 71, www.facebook.com/Olivenbaum, Öffnungszeiten: Mo–Do 12–23 Uhr, Fr & Sa 12–2 Uhr, So 12–23 Uhr

LA MONELLA

Mamalicious
Wer auf (vegetarisch-veganes) American Breakfast steht, ist hier richtig. Pancakes, French Toast, Eggs Benedict … you name it. Salate, Sandwiches und Burger gibt es auch. Am Wochenende empfiehlt es sich, fürs Frühstück zu reservieren.
Max-Brauer-Allee 277, Tel.: 040/18 00 43 82, www.mamaknows.de, Öffnungszeiten: Di 9–18 Uhr, Mi 9–19 Uhr, Do & Fr 9–22 Uhr, Sa 10–22 Uhr, So 10–19 Uhr

ST. GEORG

Oh my Juice
Neben täglich frisch gepressten Säften und hausgemachter Mandelmilch bekommen Gesundheitsfans in diesem Café auch Frühstück, Salate, Brote und Snacks zum Mitnehmen. Kaffee gibt's, trotz aller Fitnessliebe, auch.
Schmilinskystraße 30, Tel.: 040/30 71 60 90, www.ohmyjuice.de, Öffnungszeiten: Mo–Sa 8–19 Uhr

Italienisch

ALTONA

La Vela
Während die Gäste sich Linguine mit Scampi oder Steinbuttfilet auf Pilzrisotto schmecken lassen, können sie auf der Elbterrasse oder im denkmalgeschützten Backsteinhaus den vorbeifahrenden Schiffen im Hamburger Hafen zusehen.
Große Elbstraße 27, Tel.: 040/38 69 93 93, www.la-vela.de, Öffnungszeiten: täglich 12–23 Uhr

EPPENDORF

Cornelia Poletto
Hamburgs Promiköchin Cornelia Poletto kocht in ihrem gleichnamigen Restaurant mediterran-italienisch. Neben Klassikern gibt es ein wechselndes Tagesmenü. Das Restaurant ist gleichzeitig Delikatessengeschäft – hier findet sich alles, um die Speisen zu Hause nachzukochen.
Eppendorfer Landstraße 80, Tel.: 040/480 21 59, www.cornelia-poletto.de, Öffnungszeiten: Di–Sa 11–23 Uhr

CORNELIA POLETTO

HOHELUFT

Al Volo
An den langen Holz- oder hohen Bartischen kann es abends schon einmal lauter werden. Aber dafür bekommt man hier sehr gute Pizza und viele andere preiswerte italienische Gerichte.
Eppendorfer Weg 211, Tel.: 040/43 27 59 24, www.alvolo.de, Öffnungszeiten: Mo–So 12–23 Uhr

Come Prima
In diesem gemütlichen italienischen Restaurant zaubern das Ehepaar Gonzo und ihr sardischer Chefkoch gehobene italienische Küche zu bezahlbaren Preisen auf den Teller. Die Atmosphäre ist so nett, dass man garantiert wieder kommt.
Eppendorfer Weg 210, Tel.: 040/420 25 99, www.come-prima.de, Öffnungszeiten: Mo–Sa 18–24 Uhr

NEUSTADT

Luigi's
Bunt, laut und etwas touristisch – aber das Mittagessen für fünf Euro und der Geschmack der Pizzas sind einfach unschlagbar.
Ditmar-Koel-Straße 21, Tel.: 040/41 28 17 18, www.luigis-restaurants.de, Öffnungszeiten: täglich 11.30–24 Uhr

Marblau
In chicem Ambiente genießen die Gäste hier mediterrane Gerichte von Pasta über Dorade bis Entrecôte. Werktags werden Tagesgerichte zum Lunch angeboten.
Poolstraße 21, Tel.: 040/35 01 65 55, www.marblau.de, Öffnungszeiten: So–Fr 11.30–1 Uhr, Sa 17–1 Uhr

Trattoria da Enzo
Die urige Souterrain-Trattoria in der Wexstraße genießt Kultstatus in Hamburg. Anstelle einer Karte gibt es eine Schiefertafel, auf der die tagesaktuellen Gerichte stehen. Die hausgemachte Trüffelpasta gibt es zum Glück immer. Sowohl für das erste als auch das zweite Restaurant am Großneumarkt gilt: besser reservieren.
Wexstraße 34; außerdem Am Großneumarkt 2, Tel.: 040/35 71 33 66, www.trattoria-enzo.de, Öffnungszeiten: Mo–Fr 12–23 Uhr, Sa ab 17 Uhr

OTTENSEN

Eisenstein
Die Location, eine ehemalige Schiffschraubenfabrik, sorgt für eine besondere Atmosphäre. Im Sommer schmecken die leckeren Pizzas und anderen italienischen Gerichte im schönen Innenhof besonders gut.
Friedensallee 9, Tel.: 040/390 46 06, www.restaurant-eisenstein.de, Öffnungszeiten: Mo–Sa 12–16 Uhr & 18–23 Uhr, So 13–23 Uhr

MEHL

Mehl

Top!

Vintage-Industriemöbel, gute Cocktails und kreative Pizzas, die sich individuell zusammenstellen lassen – zum Beispiel mit schwarzem Sepiateig und Roter Bete – haben das Mehl zum Trendrestaurant gemacht.
Gaußstraße 190, Tel.: 040/73 44 99 69, www.dasmehl.com, Öffnungszeiten: So–Do 17.30–22 Uhr, Fr & Sa 17.30–23 Uhr

ST. PAULI

Cuneo

Dieser klassische Italiener ist der älteste in Hamburg: 1905 wurde er, mitten auf dem Kiez, eröffnet. Das Lokal ist gemütlich und das Essen wie in Italien.
Davidstraße 11, Tel.: 040/31 25 80, www.cuneo1905.de, Öffnungszeiten: Mo–Sa 17.45–0.30 Uhr

Pizzabande

In diesem Kiezrestaurant gibt es Holztische, Schiefertafeln und leckere Pizzas – auch vegetarisch und vegan oder nach Wunsch zusammenstellbar.
Lincolnstraße 10, www.pizza-bande.de, Öffnungszeiten: Mo–Do 12.30–22 Uhr, Fr 12.30–23 Uhr, Sa 13.30–23 Uhr, So 13.30–22 Uhr

Rocco

Buona sera! Bei Rocco werden die Gäste gerne laut begrüßt. Wegen seiner Nähe zum Kiez ist dieses urige Restaurant beliebt bei Junggesellinnen-Gruppen, die nach dem Essen weiterziehen.
Wohlwillstraße 29, Tel.: 040/43 55 05, www.roccohamburg.de, Öffnungszeiten: Mi–Mo 15–1 Uhr

CUNEO

Französisch

ALTSTADT

Le Plat du Jour

Typisch französische Küche – von Schnecken oder Fischsuppe über Kalbsnieren bis Profiteroles – mit einem guten Preis-Leistungs-Verhältnis in stilvollem, gemütlichem Ambiente.
Dornbusch 4, Tel.: 040/32 14 14, www.leplatdujour.de, Öffnungszeiten: täglich 12–22.30 Uhr

EIMSBÜTTEL

Bistro Tati

Dieses gemütliche kleine Lokal serviert ein leckeres Frühstück und eine Auswahl an Crêpes und Galettes mit dem passenden Wein oder Cidre.
Bellealliancestraße 35, Tel.: 040/18 01 76 11, www.bistro-tati.de, Öffnungszeiten: Mo–Do 17–0.15 Uhr, Fr 17–1 Uhr, Sa 10–1 Uhr, So 10–0.15 Uhr

WEITER AUF SEITE 92 →

Mel Buml

Food-Bloggerin

Haben Sie ein Lieblingsgericht aus Hamburg?

Birnen, Bohnen und Speck habe ich erst in Hamburg kennen- und lieben gelernt. Aber wenn man ganz ehrlich ist, muss man einfach zugeben: Es gibt doch nichts, was ein gutes, schlichtes Fischbrötchen nicht wieder geraderücken könnte.

Wo gehen Sie in Hamburg besonders gerne essen?

In Hamburg gibt es viele Restaurants von berühmten TV- und Sterneköchen. Das ist besonders für Auswärtige immer ein Erlebnis. Ich mag allerdings die kleinen, stilleren Gastronomen mit ihrer großen Leidenschaft für immer wieder überraschende und handwerklich sehr gut gemachte Küche lieber. Das *Trific* und der *Juwelier* gehören für mich zum Beispiel unbedingt dazu.

Welche Food-Trends spielen Ihrer Meinung nach gerade eine wichtige Rolle in Hamburg?

Momentan sind sogenannte Superfoods und Clean Eating auch hier in Hamburg ein Thema. Außerdem ist die Foodtruck-Bewegung wahnsinnig angesagt. Auch die Rückbesinnung auf handwerklich gut gemachte Produkte, Selbstgemachtes und vor allem auf regionale Ressourcen ist immer stärker im Kommen.

Wo kaufen Sie in Hamburg am liebsten ein?

Die vielen Märkte in Hamburg – allen voran der *Isemarkt* – sind fantastisch für frisches Obst und Gemüse. Auch im *Frischeparadies* am Hafen stöbere ich gern und lasse mich von den häufig ausgefallenen und hochwertigen Fleisch- und Fischprodukten begeistern.

www.gourmetguerilla.de

Trific – Holzbrücke 7, Altstadt / *Juwelier* – Weidenallee 27, Emsbüttel /*Isemarkt* – Isestraße 1–73, Harvestehude / *Frischeparadies* – Große Elbstraße 210, Altona

INNENSTADT

Café Paris
Zu Recht wird das Café Paris in jedem Reiseführer empfohlen: Die Atmosphäre mit dem gefliesten Deckengewölbe erinnert an ein französisches Café der Jahrhundertwende, und die typisch französische Bistroküche versetzt die Gäste sofort nach Paris.
Rathausstraße 4, Tel.: 040/32 52 77 77, www.cafeparis.net, Öffnungszeiten: Mo–Fr 9–23.30 Uhr, Sa & So 9.30–23.30 Uhr

NEUSTADT

Ti Breizh
Im Haus der Bretagne in der pittoresken Deichstraße serviert diese bretonische Crêperie herzhafte und süße Crêpes und Galettes in vielen Variationen. Im Sommer sind die Plätze auf dem Anlieger am Kanal die beliebtesten.
Deichstraße 39, Tel.: 040/37 51 78 17, www.tibreizh.de, Öffnungszeiten: täglich 12–22 Uhr

SCHANZENVIERTEL

Top!

Bistro Carmagnole
Stilvolles, kleines Bistro mit typisch französischer Küche. Es gibt keinen schöneren Ort, um Moules et frites und einen St. Germain-Cocktail zu genießen. Da Reservierungen nur für Gruppen möglich sind, empfiehlt es sich, entweder früh oder spät zu kommen.
Juliusstraße 18, http://carmagnole.kr, Öffnungszeiten: Di–So 18–22 Uhr

CAFÉ PARIS

ST. GEORG

Cox
Hier werden regionale Speisen französisch und international interpretiert, was zu Kreationen wie Tatar vom geräucherten Matjes oder gegrillter Eismeerforelle mit Ingwer-Lauch-Relish und Rote-Bete-Püree führt.
Lange Reihe 68, Tel.: 040/24 94 22, www.restaurant-cox.de, Öffnungszeiten: Mo–Fr 12–14.30 Uhr & 18.30–23 Uhr, Sa & So 18.30–23 Uhr

ST. PAULI

Tarterie St. Pauli
Charmantes, kleines Lokal mit offener Küche, das früher einmal auf Tartes spezialisiert war, heute aber französische À-la-carte-Gerichte und Menüs anbietet.
Paul-Roosen-Straße 31, Tel.: 0178/407 25 93, www.facebook.com/tarterie, Öffnungszeiten: Mo–Fr 18–23 Uhr, Sa 11–23 Uhr

Fusion & Saisonal

ALTSTADT

Fillet of Soul
In den Deichtorhallen gelegen, bietet dieses Restaurant wechselnde Mittags- und Abendkarten an. Die Küche ist deutsch mit internationalen Einflüssen. Hauptgerichte kosten um die 20 Euro.
Deichtorstraße 2, Tel.: 040/70 70 58 00, www.fillet-of-soul.de, Öffnungszeiten: Mo 11–15 Uhr, Di–Sa 11–24 Uhr, So 11–18 Uhr

Trific
Gerichte wie Rote-Bete-Salat, Moules et frites, Backhendl oder Mousse au chocolat werden im Trific kreativ interpretiert. Es gibt auch Cocktails und eine gute Weinauswahl.
Holzbrücke 7, Tel.: 040/41 91 90 46, www.trific.de, Öffnungszeiten: Mo–Fr 12–15 Uhr & 18–22.30 Uhr, Sa ab 18 Uhr

EIMSBÜTTEL

Biest
Puristisch-moderne Einrichtung und eine Speisekarte, die Fisch, Fleisch, vegetarische und vegane Speisen vereint. Im Biest wird die deutsche Küche neu gekocht.
Von-der-Tann-Straße 5, Tel.: 040/30 72 54 87, www.biest-restaurant.de, Öffnungszeiten: Di–So ab 18 Uhr

Bistro Vienna
Das Vienna liegt so versteckt, dass es trotz seiner sehr guten Küche immer noch ein Geheimtipp ist. Hier wird französisch, deutsch, italienisch, österreichisch aus frischen Zutaten gekocht. Man kann nicht reservieren, abends muss man früh da sein, um einen Tisch zu ergattern.
Fettstraße 2, Tel.: 040/439 91 82, www.vienna-hamburg.de, Öffnungszeiten: Di–So 14–23 Uhr

Juwelier
Schönes, kompaktes Restaurant mit offener Küche, dessen Speisekarte alle vier Wochen wechselt. Gekocht wird mit saisonalen, regionalen Produkten. Das Drei-Gänge-Menü gibt es für 30 Euro.
Weidenallee 27, Tel.: 040/25 48 16 78, www.juwelier-restaurant.de, Öffnungszeiten: Di–Sa ab 18 Uhr

Witwenball
Hier stimmt alles: Das Interior-Design ist prunkvoll-modern mit Marmortresen und Kristalllampen. Die Abendkarte ist kreativ und saisonal. Die Weinauswahl, mit Fokus auf junge deutsche Winzer, ist riesig.
Weidenallee 20, Tel.: 040/53 63 00 85, www.witwenball.com, Öffnungszeiten: Mo–Sa 18–22.30 Uhr, So 17–21.30 Uhr

WITWENBALL

EPPENDORF

Küchenfreunde

Im Sommer versprüht die Terrasse Urlaubsflair, im Herbst und Winter wird's kuschelig am Kamin. Ein Besuch bei den Küchenfreunden mit ihren hervorragenden internationalen Gerichten lohnt sich immer.
Lehmweg 30; außerdem Grindelhof 64, Tel.: 040/49 02 19 65, www.kuechenfreunde.net, Öffnungszeiten: Mo–Fr 12–15 Uhr & 18–22.30 Uhr, Sa 18–22.30 Uhr

NEUSTADT

Hej Papa

Top!

Das helle, moderne Café ist eine super Adresse für den Lunch in der Innenstadt. Das Mittagessen mit Pasta, Burgern und Salaten wechselt täglich.
Poolstraße 32, Tel.: 040/66 87 27 47, www.hej-papa.de, Öffnungszeiten: Mo–Fr 9–17 Uhr, Do 19–24 Uhr, Sa & So 10–17 Uhr

OTTENSEN

Gasthof Möhrchen

Im Gasthof Möhrchen wird mit saisonalen, regionalen Zutaten gekocht. Die Gerichte sind mal deutsch, mal international – von Ceviche über Portobello-Pilz auf Risotto bis Zander mit Kokosreis.
Spritzenplatz 4, Tel.: 040/41 35 81 74, www.gasthof-moehrchen.de, Öffnungszeiten: Di–Fr 12–14.30 Uhr & 18–24 Uhr, Sa 18–24 Uhr

Goldene Gans

In dem gemütlich-modernen Lokal gibt es vormittags – und wochenends bis 15 Uhr – Frühstück. Abends gehobene Bistroküche in Form von Suppen, Pasta, Fisch- und Fleischgerichten. Das Vier-Gänge-Menü kostet 38 Euro.
Rothestraße 70, Tel.: 040/39 90 98 78, www.goldene-gans.eu, Öffnungszeiten: Mo–Sa 9–24 Uhr, So 9–23 Uhr

Klappe

Sehr gutes Mittagessen – ob Fleisch, Fisch oder vegan – zum fairen Preis. Gegessen wird hier draußen und das Essen durch ein Fenster – daher der Name des Lokals – herausgereicht.
Am Sood 2, Tel.: 040/18 19 97 82, www.klappe.hamburg, Öffnungszeiten: Mo–Fr 12–16 Uhr

Restaurant Kleine Brunnenstraße 1

Schön gelegenes Eckrestaurant mit wechselnder Mittagskarte und einer Abendkarte, die Pasta, Fisch, Fleisch und Vegetarisches umfasst. Alle Speisen werden wunderschön angerichtet. Das Drei-Gänge-Menü kostet 39 Euro.
Kleine Brunnenstraße 1, Tel.: 040/39 90 77 72, www.kleine-brunnenstrasse.de, Öffnungszeiten: Mo–Sa 12–15 Uhr & ab 18 Uhr, So ab 18 Uhr

PETIT AMOUR

Gourmet

BLANKENESE

Louis C. Jacob Restaurant
Gourmetrestaurant unter der Leitung des Zwei-Sterne-Kochs Thomas Martin im historischen Louis C. Jacob Hotel an der Elbe. Hier genießen die Gäste französische Küche in einem festlichen Saal unter Kronleuchtern.
Elbchaussee 401–403, Tel.: 040/82 25 50, www.hotel-jacob.de, Öffnungszeiten: Mi–Fr 19–21.30 Uhr, Sa & So 12.30–14 Uhr & 19–21.30 Uhr

INNENSTADT

Die Bank
Cocktailbar, Brasserie und Restaurant in einem chicen Stadtpalais. Hier trifft man sich zum Business-Lunch, auf einen Aperitif oder zum gehobenen Dinner. Auf der wechselnden Tages- und Abendkarte stehen französische und deutsche Gerichte. Das Vier-Gänge-Menü gibt es für 69 Euro.
Hohe Bleichen 17, Tel.: 040/238 00 30, www.diebank-brasserie.de, Öffnungszeiten: Mo–Sa 11.30–23 Uhr

OTTENSEN

Petit Amour
Kleines, feines Lokal für einen besonderen Abend. Die Gäste haben die Wahl zwischen einem Menü mit fünf Gängen für 58 Euro oder dem mit neun Gängen für rund 100 Euro. Die französischen Gerichte sind hervorragend und kreativ angerichtet.
Spritzenplatz 11, Tel.: 040/30 74 65 56, www.petitamour-hh.com, Öffnungszeiten: Di–Fr 18–23 Uhr & Do 12–14.30 Uhr

Japanisch

EIMSBÜTTEL

Zipang
Geschmackvolles, kleines Restaurant, das gehobene japanische Gerichte – von Sushivariation bis Wagyufilet – à la carte oder als Menü anbietet.
Eppendorfer Weg 171, Tel.: 040/43 28 00 32, www.zipang.de, Öffnungszeiten: Di–So 18.30–22 Uhr & Do–Sa 12–14.30 Uhr

WEITER AUF SEITE 98 →

RESTAURANT KLEINE BRUNNENSTRASSE 1

CORNELIA
POLETTO

Cornelia Poletto

Köchin und Restaurantinhaberin

Was mögen Sie besonders an Hamburg?

Hamburg ist meine Heimat. Die Stadt ist weltoffen, steht niemals still und ist dennoch unheimlich gemütlich. Es ist genau dieser Mix aus Millionenmetropole und Kleinstadt-Feeling, der mir an Hamburg so gefällt. Und natürlich die Hamburger selbst. Dass sie zugeknöpfte Pfeffersäcke sein sollen, kann ich überhaupt nicht bestätigen. Im Gegenteil. Ich finde sie gesellig, witzig und warmherzig.

Wo in Hamburg gehen Sie selbst gerne essen?

Ich gehe gerne zu meinem Freund Tobias Strauch ins *Strauchs Falco* oder ins *La Scala* nach Eppendorf. Die Familie Zini gibt einem dort sofort das Gefühl, mitten in Italien gelandet zu sein. Und natürlich besuche ich auch ab und an meine Fernsehkollegen *Tim Mälzer* oder *Steffen Henssler* in ihren Läden.

Wie würden Sie Hamburgs Food-Szene beschreiben?

Hamburgs Gastro-Szene ist abwechslungsreich und bunt. Von alteingesessenen Traditionslokalen über kleine, individuelle Pop-up-Restaurants bis hin zu großen Fine-Dining-Tempeln auf Drei-Sterne-Niveau ist alles dabei. Die Stadt muss sich in Sachen Kulinarik nicht verstecken.

Cornelia Poletto – Eppendorfer Landstraße 80, Eppendorf / *Strauchs Falco* – Koreastraße 2, Hafencity / *La Scala* – Falkenried 54, Eppendorf / *Bullerei* – Lagerstraße 34b, Sternschanze / *Henssler & Henssler* – Große Elbstraße 160, Altona

EPPENDORF

Ono by Steffen Henssler

Sabine Henssler und TV-Koch Steffen Henssler interpretieren japanische Sushi- und Grillgerichte kreativ und international. Da die Atmosphäre so toll und die Gerichte so schön angerichtet sind, zahlt man gerne ein bisschen mehr.
Lehmweg 17, Tel.: 040/88 17 18 42, www.onobysteffenhenssler.de, Öffnungszeiten: Mo–Sa 12–15 Uhr & 18–23 Uhr

HAFENCITY

Coast

Top!

Besonders am Abend hat man aus der großen, geschwungenen Fensterfront eine wunderbare Sicht auf die Lichter der Hafencity. Der Service ist sehr aufmerksam, die Cocktailkarte umfangreich und die moderne, japanische Küche einwandfrei. Wetten, dass alle Besucher, die zum ersten Mal hier sind, über die Architektur des Restaurants sprechen?
Großer Grasbrook 14, Tel.: 040/30 99 32 30, www.coast-hamburg.de, Öffnungszeiten: Di–Do 17–22 Uhr, Fr 17–23 Uhr, Sa 12–23 Uhr

INNENSTADT

Matsumi

Dieses traditionell japanisch eingerichtete Restaurant versetzt seine Gäste sofort nach Nippon. Gruppen können die klassischen japanischen Gerichte in einem Séparée genießen. Unbedingt auch Sake und Matchaeis probieren!
Colonnaden 96 , Tel.: 040/34 31 25, www.matsumi.de, Öffnungszeiten: Di–Sa 12–14.30 Uhr & 18.30–23 Uhr, Feiertag ab 18.30 Uhr

ST. PAULI

East

In den ungewöhnlichen Räumen des Designhotels East in einer ehemaligen Eisengießerei serviert das aufmerksame Personal japanische Fusionküche. Neben Sushi stehen auch Fisch-, Fleisch-, Nudel- und Reisgerichte auf dem Menü.
Simon-von-Utrecht-Straße 31, Tel.: 040/30 99 30, www.east-hamburg.de, Öffnungszeiten: So–Mi 17–22 Uhr, Do–Sa 17–23 Uhr

Rustikal

EIMSBÜTTEL

Alpenkantine

Lange, helle Holztische mit unterschiedlichen Stühlen und raue Betonwände sind ein cooler, moderner Kontrast zur hausgemachten Alpenküche, wie Knödeln, Tartes, Salaten und Suppen. Leckeres Frühstück, inklusive Kaiserschmarrn, gibt's hier auch.
Osterstraße 98, Tel.: 040/84 89 94 93, www.alpenkantine.de, Öffnungszeiten: Mo 10–20 Uhr, Di–Fr 10–22 Uhr, Sa 10–20 Uhr, So 11–18 Uhr

Jimmy Elsass

Versteckt in einer ruhigen Seitenstraße unweit des Schanzenviertels liegt das Jimmy Elsass, das auf Flammkuchen spezialisiert ist.
Schäferstraße 26, Tel.: 040/44 19 59 65, www.jimmyelsass.de, Öffnungszeiten: täglich 18–23 Uhr

NEUSTADT

Zum Spätzle

Im gemütlichen schwäbischen Imbiss stehen Spätzle und Maultaschen in verschiedenen Variationen – auch vegetarisch und vegan – auf der Karte.
Wexstraße 31, Tel.: 040/35 73 95 16, www.zumspaetzle.de, Öffnungszeiten: Mo–Do 12–22 Uhr, Fr & Sa 12–23 Uhr

STERNSCHANZE

Braugasthaus Altes Mädchen

Das modern-lässige Braugasthaus der Ratsherrn Brauerei in den Schanzenhöfen beinhaltet einen großen Innenhof, in dem regelmäßig Craft Beer Events stattfinden, einen eigenen Bier-Shop und ein geräumiges Restaurant, das neben Bier auch rustikale Speisen anbietet.
Lagerstraße 28b, Tel.: 040/800 07 77-50, www.altes-maedchen.com, Öffnungszeiten: Mo–Sa 12–22 Uhr, So 10–22 Uhr

Bullerei

Tim Mälzers bekanntestes Restaurant ist ein Touristenmagnet, aber ebenso beliebt bei Hamburgern. Das Deli im vorderen Teil hat auch mittags geöffnet, das Restaurant im hinteren Teil nur abends. Reservierungen sind fürs Restaurant unbedingt empfohlen.
Lagerstraße 34b, Tel.: 040/334 42 11-0, www.bullerei.com, Öffnungszeiten: Deli: Mo–So ab 12 Uhr, Restaurant: Mo–Sa ab 18 Uhr, So ab 17 Uhr

Hatari

Hirschgeweihe und alte Holzstühle sorgen für urige Stimmung in der Pfälzer Stube. Auf die Teller kommen Burger, Spätzle, Flammkuchen und andere deftige Gerichte. Auch in Eimsbüttel und Ottensen gibt es Hatari-Lokale.
Schanzenstraße 2–4; außerdem Eulenstraße 77; Eidelstedter Weg 1, Tel.: 040/43 20 88 66, www.hataripfaelzerstube.com, Öffnungszeiten: täglich ab 12 Uhr

ALPENKANTINE

Lokal1
Im kleinen Lokal1 gibt es mittags hausgemachte Nudelsuppen mit Fleisch, Huhn oder vegan. Zum Abendbrot servieren die beiden Inhaber zwei bis sechs Gänge, die sie aus regionalen Zutaten zubereiten.
Kampstraße 25, Tel.: 040/49 22 22 66, www.lokal1.com, Öffnungszeiten: Di–Sa ab 18 Uhr & Di–Fr 12–14 Uhr

Orientalisch

EIMSBÜTTEL

L'Orient
Bis 16 Uhr gibt es Orientalisches von der Mittagskarte, abends eine umfangreiche Auswahl von raffinierten Gerichten und Menüs. Die Mazza-Variation ist ein Muss!
Osterstraße 146, Tel.: 040/43 28 16 51, www.restaurant-lorient.de, Öffnungszeiten: Mo–Sa 11.30–23 Uhr, So 10–23 Uhr

LOKSTEDT

Le Marrakech
In diesem Restaurant werden Träume aus 1001 Nacht wahr: An der Decke leuchten Dutzende Laternen, die gemusterte Schatten auf die Wände und Mosaiktische werfen, jeden Donnerstag gibt es Buffet, an den anderen Tagen orientalische Gerichte à la carte. Übrigens gehört das Lokal zu einem riesigen Marrakesch-Möbelgeschäft.
Kellerbleek 10, Tel.: 040/57 14 53 01, www.lemarrakech.de, Öffnungszeiten: Di 12–22 Uhr, Mi 12–19 Uhr, Do 12–18 Uhr & 19–24 Uhr, Fr & Sa 12–19 Uhr & 20–24 Uhr

JIM BURRITO'S

STERNSCHANZE

Falafelstern
In diesem Falafelimbiss, der auch mehrere Sitzplätze hat, ist besonders am späten Abend viel los, wenn die Partymeute Hunger bekommt. Die Falafeln und Salatteller schmecken superlecker.
Schanzenstraße 111, Tel.: 040/41 54 44 35, www.falafelstern.de, Öffnungszeiten: So–Do 11–24 Uhr, Fr & Sa 11–2 Uhr

UHLENHORST

Fardi
Sehr gutes syrisches Restaurant, das neben Mazza auch vegetarische sowie Fisch- und Fleischgerichte anbietet. Alle Speisen sind kunstvoll angerichtet.
Hofweg 72, Tel.: 040/36 02 74 40, http://fardi-hamburg.de, Öffnungszeiten: Mo–Do 18–24 Uhr, Fr 12–15 Uhr & 17–24 Uhr, Sa & So 17–24 Uhr

Mexikanisch

STERNSCHANZE

Jim Burrito's
Wenn viel los ist, wartet man in diesem unprätentiösen Burritoladen schon einmal etwas länger aufs Essen, aber dafür lohnt es sich. Auch vegane Gerichte erhältlich.

Schulterblatt 12, Tel.: 040/30 22 56 90, www.facebook.com/Jim-Burritos-119417638119748
Öffnungszeiten: Mo–Do 12–23 Uhr, Fr & Sa 12–24 Uhr, So 16–22 Uhr

ST. PAULI

Kombüse
Das Interieur dieses leicht chaotischen Burritoladens erinnert an ein Schiffsdeck, auf der Karte stehen verschiedene, auch vegane, Burritos und Enchiladas. Simple, aber gute Küche – nur viel Service darf man nicht erwarten.
Bernhard-Nocht-Straße 51, Tel.: 040/63 94 79 18, www.facebook.com/BurittoKing, Öffnungszeiten: täglich 16–23 Uhr

Spanisch

OTTENSEN

Café Altamira
Quirlige Tapas-Bar mit großer Auswahl. Da hier immer viel los ist, sind Reservierungen empfohlen.
Thomasstraße 4, Tel.: 040/85 37 16 00, www.cafealtamira.de, Öffnungszeiten: Mo–Do ab 18 Uhr, Fr–So ab 17 Uhr

WINTERHUDE

Marbella
Klassisches spanisches Restaurant, das Tapas, Paella, Fisch- und Fleischgerichte sowie spanische Desserts anbietet. Etwas gehobenere Küche und Preise.
Dorotheenstraße 104, Tel.: 040/27 57 57, www.restaurant-marbella.de, Öffnungszeiten: Di–So 17.30–24 Uhr

O-REN ISHII

Asiatisch

ALTSTADT

O-ren Ishii *Top!*
Angesagtes vietnamesisches Restaurant, in dem es mittags meist so voll ist, dass man etwas Geduld mitbringen muss. Unbedingt die hausgemachten Limonaden zum Essen probieren,
Kleine Reichenstraße 18, Tel.: 040/34 83 87 49, www.facebook.com/pages/o-ren-ishii/162470903779860, Öffnungszeiten: Mo–Fr 11–18 Uhr

GRINDELVIERTEL

Sonamu
Dieses familienbetriebene koreanische Restaurant macht zwar optisch nicht viel her, dafür schmecken die authentischen Gerichte, wie Bibimbap und andere Eintöpfe, aber hervorragend.
Grindelallee 89, Tel.: 040/41 30 88 84, www.sonamu.de, Öffnungszeiten: täglich 11.30–14.30 Uhr & 17.30–21.30 Uhr

KAROLINENVIERTEL

XeÔm

Junges vietnamesisches Restaurant, das an Street-Food-Garküchen angelehnt ist. Alle Gerichte gibt es auch zum Mitnehmen.
Karolinenstraße 25, Öffnungszeiten: Mo–So 12–22.30 Uhr

ST. PAULI

Ban Canteen

Das Wort „Ban" bedeutet auf Vietnamesisch „Freunde", und hier kochen drei Freunde traditionelle vietnamesische Küche, die sie neu interpretieren – mit superfrischen und natürlichen Zutaten. Neben Fleischgerichten gibt es auch Veganes.

Beim Grünen Jäger 1, Tel.: 040/35 98 91 72, http://bancanteen.com, Öffnungszeiten: Mo–Fr 12–15 & 17.30–23 Uhr, Sa 14–23 Uhr

WINTERHUDE

Quan Do

„Vietnamese Street Kitchen" lautet auch hier das Motto. Die Einrichtung ist ebenso modern wie die Küche. Neben dem Restaurant in Winterhude gibt es auch eins in St. Georg.

QUAN DO

Gertigstraße 25; außerdem Georgsplatz 16, Tel.: 040/27 80 70 78, www.quan-do.com, Öffnungszeiten: Mo–Do 11.30–21.30 Uhr, Fr 11.30–22 Uhr, Sa 12–22 Uhr

Indisch

EPPENDORF

Gandhi

Die Einrichtung ist typisch, die Küche traditionell nordindisch. Alle Gerichte – egal, ob Fleisch oder vegetarisch – schmecken ausgezeichnet. Preiswertes Mittagessen.
Eppendorfer Landstraße 6, Tel.: 040/46 00 78 86, www.gandhi-restaurant.de, Öffnungszeiten: Mo–Fr 11.30–23 Uhr, Sa & So 12–23 Uhr

GRINDELVIERTEL

Kaalia

Das Mittagessen in diesem kleinen Restaurant ist von indischem Streetfood inspiriert. Abends finden sich auf der französischen Karte indische Einflüsse wieder.
Rentzelstraße 13, Tel.: 0157/33 12 08 17, http://kaalia.de, Öffnungszeiten: Mo–Fr 12–15 Uhr, Do–Sa 18–22 Uhr

ST. PAULI

Maharaja

Indisch-ayurvedisches Restaurant, das sehr viele vegetarische Gerichte anbietet.
Der Geruch der exotischen Gewürze und die bunte Einrichtung versetzen die Gäste direkt nach Indien.
Detlev-Bremer-Straße 25–27, Tel.: 040/30 09 34 66, www.maharaja-hamburg.de, Öffnungszeiten: Mo–Fr 12–24 Uhr, Sa, So & Feiertag 14–24 Uhr

Burger & Steaks

ALTONA

Mash

American Steakhouse trifft Dänemark. In Kopenhagen ist Mash bereits sehr beliebt. 2015 hat das Restaurant auch in Hamburg eröffnet. Zwischen roten Ledersesseln und dunklen Tischen werden internationale Steaks serviert.
Große Elbstraße 148–150, Tel.: 040/809 00-8111, www.mashsteak.de, Öffnungszeiten: täglich 12–15 Uhr & 17.30–22 Uhr

ALTSTADT

Brooklyn Burger Bar

Top!

Rund ein Dutzend unterschiedliche Burger, eine umfangreiche Cocktailkarte – mit sehr guten Drinks! – und ein cooles, urbanes Design machen die Brooklyn Burger Bar zum Trendlokal in der Innenstadt.
Alter Fischmarkt 3, Tel.: 040/34 99 48 66, www.brooklynburgerbar.de, Öffnungszeiten: Mo–Fr 12–15 Uhr & Mo–Sa ab 18 Uhr

GRINDELVIERTEL

Otto's Burger

Hippes Burgerrestaurant, das regionale Zutaten verwendet. Neben Klassikern stehen auch Pulled Pork, Mushroom und Vegetable Burger auf der Karte. Zu trinken gibt's über zwanzig verschiedene Craft-Biere. Zweites Lokal in Ottensen.
Grindelhof 33; außerdem Bahrenfelderstraße 175, Tel.: 040/38 04 65 25, www.ottosburger.com, Öffnungszeiten: Mo–Do 11.30–22.30 Uhr, Fr & Sa 11.30–23 Uhr, So 11.30–22.30 Uhr

INNENSTADT

[M]eatery

Das Restaurant im Side Hotel bietet erstklassige Steaks, Burger und Tatar an. An der Bar gibt es begleitende Cocktails.
Drehbahn 49, Tel.: 040/30 99 95 95, www.hamburg.meatery.de, Öffnungszeiten: Mo–Do 18–23 Uhr, Fr & Sa 18–24 Uhr, So 18–23 Uhr

WEITER AUF SEITE 106 →

Sophia Wenzel

Bier-Sommelière

Welches Hamburger Bier mögen Sie am liebsten?
Im Moment finde ich das Fastmoker Pils von Wildwuchs super. Ein frisches, grünes, vegetatives Pils.

Wo in Hamburg machen Sie am liebsten die Nacht zum Tag?
Im *Kleinen Donner*. Hip-Hop at its best.

Welches Hamburger Viertel finden Sie am spannendsten?
Ich bin tatsächlich oft im Schanzenviertel. Aber vor allem St. Pauli liebe ich sehr. An jeder Ecke Street-Art und kleine Läden. Es gibt immer was zu entdecken.

Haben Sie ein Lieblingsrestaurant in Hamburg?
Ich esse gerne im *Bistro Carmagnole,* in der *Tarterie St. Pauli* und dienstags und donnerstags im *Kleinen Phi.* Wenn die Jungs von Salt & Silver ihre leckere Ceviche oder Tacos servieren.

Wo verbringt man am besten einen warmen Sommertag in Hamburg?
Hauptsache draußen! Zum Beispiel bei meiner lieben Freundin Sofija Dreshaj in der *Willi Villa* in Wilhelmsburg. Einfach traumhaft grün, Wasser, Kanus und entspannte Leute.

Kleiner Donner – Schulterblatt 73, Sternschanze / *Bistro Carmagnole* – Juliusstraße 18, Schanzenviertel / *Tarterie St. Pauli* – Paul-Roosen-Straße 31, St. Pauli / *Kleines Phi* – Feldstraße 42, Karoviertel / *Willi Villa* – Hauland 81, Wilhelmsburg

Getränke

CHAPEAU

STERNSCHANZE

Schlachterbörse

Dieses urige Hamburger Traditionslokal erinnert mit zahlreichen Fotos an den holzvertäfelten Wänden an seine über 100-jährige Geschichte. Auf den Teller kommen hochwertige Fisch- und Fleischgerichte – von Matjes oder Scampis über Entrecôte bis T-Bone-Steak.
Kampstraße 42, Tel.: 040/43 65 43, www.schlachterboerse.de, Öffnungszeiten: Mo–Sa 16–24 Uhr

ST. PAULI

The Bird

Simple Burger-Bar, die zwar nicht den besten Service zu bieten hat, dafür vielleicht aber die besten Burger in Hamburg – wenn man viel Fleisch und „Toasties"-Brötchen mag. Es empfiehlt sich, zu reservieren.
Trommelstraße 4, Tel.: 040/75 66 23 33, www.thebirdinhamburg.com, Öffnungszeiten: Mo–Mi 18–23 Uhr, Do & Fr 17–24 Uhr, Sa 16–24 Uhr, So 16–23 Uhr

WINTERHUDE

Chapeau

Hippes Restaurant und Cocktailbar mit außergewöhnlichem Design und schöner Lage am Goldbekkanal. Neben Burgern umfasst die Karte auch diverse Vorspeisen, Steaks, Fisch und Vegetarisches. Am Wochenende gibt's von 11–15 Uhr Brunch.
Moorfuhrtweg 9, Tel.: 040/27 07 54 44, www.chapeau-restaurant.com, Öffnungszeiten: Mo–Fr 18–23 Uhr, Sa & So Brunch 11–15 Uhr, Dinner 18–23 Uhr

Fisch

ALTONA

Frischeparadies Bistro

Neben dem Fischmarkt liegt das Frischeparadies: Feinkostmarkt und Fischbistro – unscheinbar von außen, innen viel zu entdecken. Beliebter Treff für frische Austern und ein Glas Cremant.
Große Elbstraße 210, Tel.: 040/38 90 80, www.frischeparadies.de, Öffnungszeiten: Mo–Sa 11.30–15 Uhr

EPPENDORF

NOAS

Jakobsmuscheln, Zanderfilet oder Hummersuppe lässt man sich hier mit Blick auf den Alsterkanal schmecken. Auf der Karte stehen auch Fleischgerichte vom Grill und Tatar. Direkt ans Restaurant angeschlossen ist ein Bootsverleih.
Isekai 1, Tel. : 040/57 00 96 90, www.noas-hamburg.de, Öffnungszeiten: Mo–Fr 12–15 Uhr & 18–23 Uhr, Sa 13–23 Uhr

INNENSTADT

Daniel Wischer
Die Daniel Wischer Fischbratbetriebe gibt es schon seit 1924. Hier gibt es Klassiker wie Backfisch, Fischbrötchen, Fischfrikadellen und Fish & Chips, aber auch Fischfilets mit Bratkartoffeln zu erschwinglichen Preisen.
Spitaler Straße 12; außerdem Steinstraße 15a, Tel.: 040/32 52 58 15, www.danielwischer.de, Öffnungszeiten: Mo–Sa 11–20 Uhr

Fischfeinkost Delikatessen des Meeres
Großartiges Preis-Leistungs-Verhältnis: In diesem kleinen Restaurant kostet das hervorragende Mittagessen 6,50 Euro.
Colonnaden 104, Tel.: 040/34 63 14, Öffnungszeiten: Mo–Sa 12–17 Uhr

STERNSCHANZE

Schabi's Fischimbiss
Der Fischimbiss mitten auf dem Schulterblatt serviert riesige Portionen von frischem Fisch mit Kartoffeln und Salatbeilage zu bezahlbaren Preisen.
Schulterblatt 60, Tel.: 040/43 29 09 40, Öffnungszeiten: Mo–Sa 12–22 Uhr, So 13–22 Uhr

ST. PAULI

Brücke 10
Die besten Fischbrötchen Hamburgs bekommt man in diesem Imbiss, der auch schöne Sitzplätze bietet, auf Brücke 10 an den Landungsbrücken.
Auf den St. Pauli-Landungsbrücken, Brücke 10, Tel.: 040/33 39 93 39, www.bruecke-10.de, Öffnungszeiten: April–Oktober täglich 10–22 Uhr, November–März täglich 10–20 Uhr

WINTERHUDE

Liman
Maritim gestaltetes Fischrestaurant, das sehr gutes und preiswertes Seafood, Fischfilets sowie gemischte Fischplatten serviert.
Mühlenkamp 16, Tel.: 040/37 08 56 53, http://liman-fisch.com, Öffnungszeiten: Mo–Do 12–23 Uhr, Fr & Sa 12–23.30 Uhr, So 13–22 Uhr

SCHABI'S FISCHIMBISS

Märkte

Isemarkt

Einer der schönsten Wochenmärkte Hamburgs – und der längste – findet jeden Dienstag und Freitag auf der Isestraße, unter dem Hochbahn-Viadukt der U3, statt. Über 200 Händler bieten hier Fisch, Käse, Bonbons, Gemüse und Obst, Blumen, Kaffee, Fleisch, Kräuter, Naturbürsten und viele andere Dinge an.

Isestraße 1–73, Marktzeiten: Di & Fr 8.30–14 Uhr

Rindermarkthalle St. Pauli

1951 erbaut und 2014 nach einem umfassenden Umbau neu eröffnet, beherbergt die Rindermarkthalle St. Pauli auf ca. 4000 Quadratmetern unterschiedliche Geschäfte – von Imbissen über Feinkostgeschäfte und Supermärkte bis zum Haushaltswarengeschäft. Der Look soll an einen überdachten Wochenmarkt erinnern.

Neuer Kamp 31, www.rindermarkthalle-stpauli.de, Öffnungszeiten: Mo–Sa 8–21 Uhr

Marktzeit

Top!

Selbst gemachte Macarons, Biokäse, Craft Beer, Gourmet-Popcorn, hausgemachte Marmeladen und Salsas, dazu Burger, Tartes, vegane Leckereien, Sushi … auf der Hamburger Marktzeit gibt es viel zu entdecken. Wer genug Zeit mitbringt, kann sich von einem Stand zum anderen essen. Außerdem sind Kunsthandwerker und Designer aus der Region mit handgemachten Produkten vertreten – von Seifen bis zu Kinderkleidung. Das Vorbild waren die Neighbourhood Markets in Melbourne und New York: Man trifft sich zu Kaffee und Tratsch mit Freunden und erledigt nebenbei ein paar Einkäufe. Häufig spielt dabei auch noch eine Band. In den Sommermonaten findet die Marktzeit jeden Samstag auf dem Vorplatz der Rindermarkthalle St. Pauli statt, während der kalten Monate in der Fabrik in Altona.

September–April: Barnerstraße 36, Mai–August: Vorplatz der Rindermarkthalle St. Pauli, www.marktzeit.com, Marktzeiten: Sa 9–15 Uhr, im Sommer Sa 10–18 Uhr

Fischmarkt

Kein Hamburg-Reiseführer ohne Fischmarkt. Wer das Treiben zwischen Marktständen, Marktschreiern, Touristen und Partygästen, die hier ihren letzten Stopp vor dem Heimweg einlegen, erleben will, muss früh aufstehen – oder lange wach bleiben. Kaufen kann man natürlich Fisch, außerdem Obstkörbe, Blumen, Souvenirs – und dazu gibt's Livemusik in der Fischauktionshalle.

Große Elbstraße 9, Marktzeiten: April–Oktober: So 5–9.30 Uhr, November–März: So 7–9.30 Uhr

Weihnachtsmarkt auf dem Rathausmarkt

Auf dem historischen Weihnachtsmarkt vor dem Hamburger Rathaus werden Kunst und Tradition großgeschrieben: Hier sind Kunsthandwerk, Holzspielzeug, Nürnberger Lebkuchen, Rathausmarkt-Glühwein und andere handgemachte Weihnachtsspezialitäten zu finden. Wie bei allen großen Weihnachtsmärkten wird es hier besonders an den Wochenenden sehr voll.
Auf dem Rathausmarkt, Ende November bis Weihnachten

Weihnachtsmarkt am Gänsemarkt

Rund ums Lessing-Denkmal findet alljährlich ein kleiner Weihnachtsmarkt statt, der unter Hamburgern ein beliebter Treffpunkt für einen Glühwein, eine Currywurst oder gebrannte Mandeln nach der Arbeit ist. Hier finden sich aber auch schöne Geschenke wie besondere Lebkuchen und Früchtebrot.
Gänsemarkt, Ende November bis Weihnachten

Weihnachtsmarkt auf der Fleetinsel

Dieser Weihnachtsmarkt findet zwischen Alster und Elbe auf der Fleetinsel statt – wer Hamburger Flair erleben will, ist hier richtig. Zwei beleuchtete Segel-Oldtimer aus dem Museumshafen Övelgönne verleihen dem Markt eine besondere Atmosphäre.
Auf der Fleetinsel, Ende November bis Weihnachten

Skandinavische Weihnachtsmärkte

Von Hamburg aus ist man in weniger als fünf Stunden in Kopenhagen – und in der Weihnachtszeit sind die skandinavischen Nachbarn zu Gast in der Hansestadt. An zwei Wochenenden finden an den Seemannskirchen, in der Nähe des Hamburger Michels, jedes Jahr skandinavische Weihnachtsmärkte mit Handgemachtem, Süßigkeiten und Geschenkartikeln statt.
Ditmar-Koel-Straße, Daten unter www.hamburg.de

ISEMARKT

Food Shopping

EPPENDORF

Mutterland
Hier kann man nicht nur Kaffee trinken und essen, sondern auch dekorative Geschenke wie Schokolade, Marmeladen, Senf, Kakao, Tee, Öle, Gewürze, Spirituosen und andere Delikatessen kaufen. Filialen in Eppendorf und Innenstadt.
Ernst-Merck-Straße 9; außerdem Lenhartzstraße 1 und Poststraße 14, Tel.: 040/28 40 79 78, www.mutterland.de, Öffnungszeiten: Mo–Sa 8–21 Uhr, So 9–19 Uhr

INNENSTADT

Alsterhaus Obergeschoss
Im obersten Stockwerk des berühmten Kaufhauses können Gourmets Stunden verbringen. Verschiedene Bistros und Champagnerbars, eine umfangreiche Wein- und Spirituosenabteilung, Confiserie-, Tee- und andere Delikatessenshops locken mit ihren Auslagen.
Jungfernstieg 16–20, Tel.: 040/35 90 10, www.alsterhaus.de, Öffnungszeiten: Mo–Sa 10–20 Uhr

Oschätzchen
Außergewöhnliche Schokoladen und Pralinen aus aller Welt, Kaffee, Chutneys, Öle, Pasta, Konfitüren, Getränke und edle Accessoires werden in diesem Gourmetshop so schön präsentiert, dass man gar nicht weiß, wo man zuerst hinschauen soll.
Hohe Bleichen 26, Tel.: 040/63 60 78 52, www.oschaetzchen.com, Öffnungszeiten: Mo–Fr 10–19 Uhr, Sa 10–18 Uhr

STERNSCHANZE

Beyond Beer
Selbst Menschen, die nicht gerne Bier trinken, werden in diesem Shop fasziniert vor den Unmengen an kreativ designten Craft-Beer-Flaschen und Bieren aus aller Welt stehen. Rund 300 Biere gehören zum Angebot – da wird garantiert jeder ein Lieblingsbier, oder mehrere, finden. An der Bar lassen sich die Biere direkt probieren.
Weidenallee 55, Tel.: 040/44 46 54 24, www.beyondbeer.de, Öffnungszeiten: Di–Sa 12–20 Uhr

MySupper
In diesem kleinen, liebevoll eingerichteten Laden findet sich etwas für jeden Geschmack. Alle Produkte sind besonders und schön verpackt. Neben Delikatessen gibt es auch Geschenkartikel für die Küche oder fürs Auge.
Weidenallee 23, Tel.: 040/43 27 43 43, www.mysupper.de, Öffnungszeiten: Mo–Fr 11–19 Uhr, Sa 11–16 Uhr

ST. GEORG

t.boutique
Ein Paradies für Teeliebhaber: stilvoll eingerichtetes Teegeschäft mit Tee-Bar, an der es exzellente Tees, Kuchen und Gebäck sowie Matcha-Latte, „Teapresso" und im Sommer Eistees gibt.
Lange Reihe 68–70, www.t-lovers.de, Öffnungszeiten: Mo–Fr 11–19 Uhr, Sa 11–16 Uhr

OSCHÄTZCHEN

T.BOUTIQUE

Nachtleben & Musik

DIE REEPERBAHN IST DER DREH- UND ANGELPUNKT FÜR HAMBURGER NÄCHTE. GEFEIERT WIRD, BIS SONNTAGFRÜH DER FISCHMARKT ERÖFFNET.

AUF DER REEPERBAHN nachts um halb eins ... muss man – mindestens! – einmal im Leben gewesen sein. Der Ursprung, wenn nicht gar die Wiege des Hamburger Nachtlebens ist nach wie vor Dreh- und Angelpunkt jeglicher Ausschweifungen sobald die Sonne untergeht. Wobei die sündige Meile durchaus auch tagsüber ihren Charme hat. Wer sich nicht von den beschwipsten Partymassen, betörend leichten Damen und latent vulgären Typen, die Kundschaft in ihre Striplokale und Table-Dance-Bars ziehen wollen, abschrecken lässt, bummelt an bunten Neonreklamen vorbei, dreht eine amüsante Runde durch den Sexshop und atmet eine frische Brise Astra-Bier ein.

Die Mehrheit der besten Hamburger Clubs und Bars befindet sich in Reeperbahn-Nähe. Hier lässt es sich hervorragend durch schummerige Kiezkneipen und Schickimicki-Clubs tingeln: vom Hans-Albers-Platz bis zur Großen Freiheit, vom Spielbudenplatz bis zum Nobistor. Wer es hanseatisch-unaufgeregt mag, nimmt einen Drink in der *KorallBar*, im *The Walrus* oder in der *Toast Bar* zu sich. Anhänger der gehobenen Barkultur gehen in die extravaganten Bar-Etablissements des *East Hotels* oder des *Empire Riverside Hotels* – letztere Bar befindet sich im 20. Stock, auch die *Clouds Bar* in den Tanzenden Türmen residiert in luftiger Höhe. Zum Feiern geht es dann zurück ins Erdgeschoss oder gleich in den Keller: Im *Mojo Club* und im *Baalsaal* feiert man unter der Erde bis ins Morgengrauen. Chic geht es im *Moondoo*, im *Uppereast* und im *Noho* zu.

Aber auch fernab der Reeperbahn kann man die Nacht zum Tag machen, am besten gelingt dies in der benachbarten Sternschanze oder in Altona – am Schulterblatt im *Thier* oder *Saal II* oder entspannt im *Aurel* und szenig-intellektuell im *Golem*. Aber auch in St. Georg oder in der Neustadt lässt es sich gut feiern. Das *Le Lion* direkt am Rathaus gilt als beste Bar über die Stadtgrenzen hinaus, und der *Uebel & Gefährlich Club* im Bunker an der Feldstraße hat das elaborierteste Konzert- und Partyprogramm. Die beste Soundanlage wiederum findet man aktuell im *PAL*, Hamburgs derzeit bestem Techno-Club, der mit internationalen Bookings aufwartet und in dem man dank Frühclub bei Bedarf das ganze Wochenende verbringen kann.

Eine relativ neue Bereicherung ist der einmal im Monat stattfindende *Roller Skate Jam* im Mojo Club – hier kann man mit Freunden auf acht Rollen zu coolen Beats die Hüften kreisen lassen.

Ob nun Kiez oder nicht Kiez: Der letzte Absacker wird im berühmt-berüchtigten *Golden Pudel Club* an der Hafentreppe eingenommen und das erste Fischbrötchen in Erikas's Eck verzehrt. Und wer bis Sonntagfrüh durchhält, der hört sowieso ab 4 Uhr den Fischmarkt locken: Moin, Moin! — LISA VAN HOUTEM

BARS

ALTONA

Aurel
Das Aurel ist Synonym für Kneipenkultur in Reinform: Wer hier eine „Große Freiheit" bestellt, bekommt ein Bier vom Fass, der Caipirinha ist nicht minder lecker, und Rauchen ist überhaupt kein Problem. Lässig, unaufgeregt und entspannt.
Bahrenfelder Straße 157,
Tel.: 040/390 27 27,
www.facebook.com/aurel, Öffnungszeiten: Mo 10.30–2.30 Uhr, Di–Do 10.30–3 Uhr, Fr & Sa 10.30–5 Uhr, So 10.30–2.30 Uhr

GOLEM

Golem
Erst Geheimtipp, mittlerweile fixe Anlaufstelle der Intellektuellenszene für gepflegte Konversation vor handverlesener Soundkulisse mit smarten Vintage-Drinks. Lesungen werden in der Bar der Betreiber des Uebel & Gefährlich Clubs ebenso zelebriert wie Clubnächte – Achtung, Geheimtür im Bücherregal!
Große Elbstraße 14, www.golem.kr, Öffnungszeiten: Mi–Sa ab 20 Uhr

ALTSTADT

Central Congress
Nein, dies ist kein DDR-Konferenzraum der Sechzigerjahre, sondern die neueste Bar der Saal II-Leute. Einfach an den Konferenztisch setzen, den Cocktail „Nr. 1" mit Lagerkorn, Angostura, Sodawasser und Estragon genießen und einem famosen DJ-Set lauschen.
Steinstraße 5–7, www.centralcongress.de, Öffnungszeiten: Mo–Sa ab 17 Uhr

EPPENDORF

Boilerman Bar
Eismaschinen aus Japan produzieren die perfekten Eiskugeln für die Spezialität des Barchefs Jörg Meyer: den Highball. Den Cocktail aus zwei Zutaten nimmt man inmitten von auffällig coolen Gästen zu sich.
Eppendorfer Weg 211, www.boilerman.de, Öffnungszeiten: täglich ab 18 Uhr

INNENSTADT

Le Lion
Das Le Lion gilt als die beste und schönste Bar Hamburgs – ein Klassiker! Verantwortlich hierfür sind Barchef Mario Kappes und der Gin „Basil Smash", der hier einst erfunden wurde und die Bar über Hamburgs Grenzen hinaus weltbekannt gemacht hat.
Rathausstraße 3, Tel.: 040/33 47 53 78-0, www.lelion.net, Öffnungszeiten: täglich ab 18 Uhr

Savvy Bar
Savvy heißt übersetzt clever – und genau so ist das Konzept von Barbesitzerin Vera Heimsoth: außergewöhnliches Interior im Vintagestil trifft auf grandiose old fashioned Drinks.

KLEINES PHI

Kaiser-Wilhelm-Straße 71,
Tel.: 0163/793 49 93, www.savvy-hh.de,
Öffnungszeiten: Di–Do ab 18 Uhr,
Fr & Sa ab 20 Uhr

KAROVIERTEL

Top!

Kleines Phi

Hier trifft sich die (junge) Szene Hamburgs und genießt außergewöhnliche Drinks zu lateinamerikanischem Streetfood in Industriedesign-Ambiente. Im Sommer wird im Garten abgehangen.
Feldstraße 42,
www.facebook.com/kleinesphi,
Öffnungszeiten: Di & Do ab 18 Uhr,
Mi, Fr & Sa ab 20 Uhr

ST. PAULI

20up

Im 20. Stock des Empire Riverside Hotels gibt es den wohl schönsten Ausblick über das Treiben im Hamburger Hafen – mit seinem 21 Meter langen Tresen ist das 20up außerdem die längste Bar der Stadt. Perfekt für nie enden wollende Rooftop-Sommernächte.
Bernhard-Nocht-Straße 97,
Tel.: 040/31 11 97 04-70,
www.empire-riverside.de,
Öffnungszeiten: täglich ab 18 Uhr

Clockers

In der lauschig-gemütlichen Bar wird Clockers-Gin aus eigener Herstellung gereicht – und das inmitten von Baumstümpfen und moosbewachsenen Wänden. Aufgelegt wird im Baumhaus, getrunken unterm Blätterdach.
Paul-Roosen-Straße 27,
www.clockers.hamburg, Öffnungszeiten:
Mo–Sa ab 18 Uhr

Clouds Bar

Welcome to heaven: Die Clouds Bar ist die höchste Bar Hamburgs. In den Tanzenden Türmen gelegen, trinkt man hier einen erstklassigen Cocktail entweder drinnen unter prachtvollem Hirschgeweih oder draußen an der Rooftop-Bar.
Reeperbahn 1, Tel.: 040/30 99 32 80,
www.clouds-hamburg.de,
Öffnungszeiten: Mo–Fr ab 18 Uhr,
Sa & So ab 17 Uhr

CLOUDS BAR

KorallBar

Wer von schummrigen Kiezkneipen träumt, geht in die KorallBar. In der unscheinbaren Eckkneipe treffen sich Nachtschwärmer von Jung bis Alt und haben eine gute Zeit zusammen. Besser versacken kann man in Hamburg nicht.
Simon-von-Utrecht-Straße 89, www.facebook.com/korallbar, Öffnungszeiten: Di–Sa ab 20 Uhr

Möwe Sturzflug

Jetzt wird's eng: In der Möwe ist es immer proppenvoll. Studenten kuscheln hier auf den Sofalandschaften ebenso wie Jungmanager. Getrunken wird „Möwe Mara" – schmeckt wie „Split"-Eis.
Clemens-Schultz-Straße 96, www.facebook.com/MoeweSturzflug, Öffnungszeiten: Mo–Sa ab 19 Uhr

The Chug Club

Barchefin Bettina Kupsa war einige Jahre das Gesicht des Le Lion, bevor sie ihre eigene Bar eröffnete. Jetzt ist sie die gute Seele (mit einer Menge Fachexpertise!) der schummerigen Bar mit den weinroten Wänden. Ihre Spezialität? Sexy Tequila!
Taubenstraße 13, www.facebook.com/TheChugClub, Öffnungszeiten: täglich ab 18 Uhr

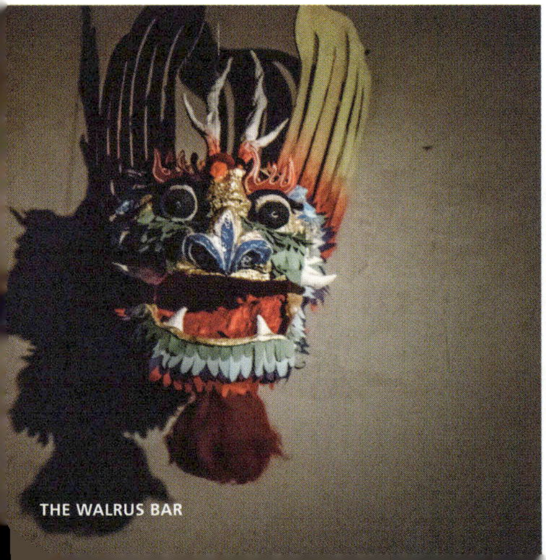

THE WALRUS BAR

The Walrus Bar

Top!

Die Walrus Bar hieß 30 Jahre lang Na und? Bar. Die neue Besitzerin Oline Brandes ist ein schweres Erbe angetreten – und hat dies gemeistert. Hinter der Zahnarztpraxen-Fassade verbirgt sich eine Bar mit Charakter, guter elektronischer Musik und lokalen Getränken.
Wohlwillstraße 47, Tel.: 040/43 66 64 , www.thewalrusbar.de, Öffnungszeiten: täglich ab 18 Uhr

Toast Bar

Nur auf ein Bier in die Toast Bar – das klappt nie. Dafür ist die Musik zu genial, sind die Leute zu funky, die Drinks zu improvisiert gut, die Erdnüsse zu knackig und die Nacht zu lang. Toast Bar geht immer.
Wohlwillstraße 54, Tel.: 040/43 18 23 39, Öffnungszeiten: täglich ab 20 Uhr

Yakshi's Bar

In der Bar des East Hotels, die sich in einer stillgelegten Eisengießerei befindet, geht es schon ein bisschen ums Sehen und Gesehen werden. Hauptsache, das fließende Design des Stararchitekten Jordan Mozer mit den prächtigen organischen Säulen und den bunten Fenstern wird gesehen – mit einem guten Drink dazu.
Simon-von-Utrecht-Straße 31, Tel.: 040/30 99 33, www.east-hamburg.de, Öffnungszeiten: täglich ab 8 Uhr

WEITER AUF SEITE 122 →

BAR DACAIO

SAAL II

Miss Leema

DJane

Wo legen Sie in Hamburg am liebsten auf?

Ich mag das *Golem* sehr gern. Die Anlage ist gut, die Drinks sind exzellent und die Leute super nett.

Wo gibt es das beste Katerfrühstück in Hamburg?

Gutes und leckeres Frühstück gibt es im *Café Mimosa* auf St. Pauli oder im *Café Klatsch* im Karoviertel.

Welches ist Ihr Hamburger Lieblingsviertel?

Im Karoviertel trifft man immer nette Leute, es gibt viele schöne kleine Cafés und das ein oder andere sonnige Plätzchen, an dem man gut versacken kann.

Ihr Lieblingsplattenladen?

Meine Platten kaufe ich am liebsten bei *Mini-Groove,* in dem legendären Plattenladen gibt es eine tolle Auswahl – von Hip-Hop über Funk & Soul bis Elektronik.

Golem – Große Elbstraße 14, Altona / *Café Mimosa* – Clemens-Schultz-Straße 87, St. Pauli / *Café Klatsch* – Glashüttenstraße 17, Karoviertel / *Mini-Groove* – Simon-von-Utrecht-Straße 17, St. Pauli

ST. GEORG

Bar DaCaio

Afternoon-Tea, Whiskey-Tasting oder origineller Cocktail: Es gibt viele gute Gründe, die Bar mit englischem Charme zu besuchen. Sie gehört zum The George Hotel, ist für Hotelgäste also ein Muss (aber auch für alle anderen).

Barcastraße 3, Tel.: 040/28 00 30-1810, www.thegeorge-hotel.de, Öffnungszeiten: täglich ab 10 Uhr

STERNSCHANZE

Bar Rossi

Die Bar Rossi ist ein Hamburger „Vorglüh-Klassiker". Die euphorisierend roten Wände und anregende Drinks wie der Vanilla-Gurken-Fizz versprechen den perfekten Start in die Nacht. Unter der Woche ist es ruhiger, aber nicht minder illuster.

Max-Brauer-Allee 279, Tel.: 040/43 34 21, www.facebook.com/barrossihamburg, Öffnungszeiten: Mo–Sa ab 18 Uhr

Mandalay

In adrettem Zwanzigerjahre-Ambiente (das Mandalay befindet sich in den Räumen einer alten Bank) kann man hier zu Disco und House zwischen rot-goldenen Wänden tanzen.

Neuer Pferdemarkt 13, Tel.: 040/43 21 49 22, www.mandalay-hamburg.de, Öffnungszeiten: Mi–Sa ab 20 Uhr

Saal II

Im Saal II geht es unaufgeregt zu, also nicht ausrasten, wenn plötzlich Fatih Akin oder Robert Stadlober am Nebentisch sitzen. Die und viele Ur-Hamburger genießen hier gern ihren Feierabenddrink.

Schulterblatt 83, Öffnungszeiten: Mo–Fr ab 12 Uhr, Sa & So ab 10 Uhr

Thier

Abende im Thier beginnen mit einem lockeren Drink auf der Terrasse – und werden sehr lang. Das liegt am Hausschnaps Rhababsi und an den besten Hamburger DJs, die hier auflegen. Tipp: die Schwulenparty Ogay.

Schulterblatt 98, Tel.: 040/41 36 93 87, www.facebook.com/thier.hh, Öffnungszeiten: täglich ab 18 Uhr

WINTERHUDE

Berglund

Die skandinavisch angehauchte Bar ist eine absolute Bereicherung für Winterhude. Was von außen wie ein charmant in die Jahre gekommenes Hotel aussieht, entpuppt sich innen als gemütlich-eleganter Wohlfühlort junger Barbetreiber.

Gertigstraße 14, Tel.: 040/60 43 01 94, www.facebook.com/berglundbar, Öffnungszeiten: täglich ab 18 Uhr

WEITER AUF SEITE 126 →

BERGLUND

DIE REEPERBAHN

Die Hamburger und die Reeperbahn – das ist eine ambivalente Beziehung, und trotzdem ist Hamburg ohne den Rotlichtbezirk unvorstellbar. Die Reeperbahn mit all ihren kleinen Gassen, Straßen und Plätzen ist das Gegengewicht zum blitzblank polierten Rest der Innenstadt. Weißen Marmor, Hochglanzspiegel und goldene Türknöpfe gibt es hier zwar auch, aber immer im Doppelpack mit dem obligatorischen Urin-Aroma und derbem Hamburger Talk. Und das ist gut so, denn der Bezirk ist nicht nur sündige Amüsiermeile für alle Nachtschwärmer, sondern auch Hamburgs Keimzelle für Subkultur, Gegenkultur und jegliche Querköpfe, die am benachbarten Hafen festmachen. Auf den 930 Metern zwischen Millerntor und Nobistor sind heute nicht nur die Traditionshäuser wie die Kneipenlegende Die Ritze, der Sexclub Safari, die Table-Dance-Bar Dollhouse und Europas ältester SM-Club, der Club de Sade, zu Hause, sondern eben auch reihenweise tolle Bars und Clubs zum Feiern. In Berlin gibt es viele Kieze, in Hamburg nur einen – und der wird tief im Herzen von allen Hanseaten heiß und innig geliebt.

Sevda Albers

Fotografin

Das schönste Hamburg-Fotomotiv ist …

… ein dokumentarisches Bild: alle meine guten Freunde zusammen auf einem Fleck! Da ich beruflich sehr viel unterwegs bin, freue ich mich immer auf Hamburg. Home is where your heart is.

Ihr Lieblingsplatz zum Entspannen in der Stadt?

Ich liebe Blankenese und den *Jenischpark*. Ich genieße die Zeit, die ich dort verbringe. Ich mag einfach das ein wenig Dörfliche, Überschaubare und Entspannte – eben das Hanseatische.

Wo machen Sie die Nacht am liebsten zum Tag?

Meistens trifft man mich in der *KorallBar*. Da ich auf St. Pauli lebe, ist es nur einen Katzensprung entfernt. Ein Platz im Fenster der alten Kneipe vertreibt Kummer und Sorgen. Und ich mag das *The Walrus* sehr. Von dort aus geht es ins *Golem* oder in den *Kleinen Donner*. Es läuft immer gute Musik – ohne böse Überraschungen!

Ihr persönlicher Hamburg-Geheimtipp?

Hamburgs Geheimnis ist für mich das Unentdeckte, Versteckte, Verträumte. Ich liebe Wedel – wenn man lange genug am Deich entlangläuft, kommt man zu einem kleinen Ausflugscafé. Nachdem man dann viel zu viele selbst gemachte Kuchen gegessen hat und wieder an Schafherden am Deich entlangläuft, erreicht man den schönsten Strand in der Umgebung.

Jenischpark – Baron-Voght-Straße, Othmarschen / *KorallBar* – Simon-von-Utrecht-Straße 89, St. Pauli / *The Walrus Bar* – Wohlwillstraße 47, St. Pauli / *Golem* – Große Elbstraße 14, Altona / *Kleiner Donner* – Schulterblatt 73, Schanzenviertel

Clubs

ALTONA

MS Hedi
In Hamburg feiert man im Sommer natürlich auf dem Schiff – besser gesagt auf einer Barkasse. Eine Hafenrundfahrt mit der MS Hedi mit bester House- oder Techno-Beschallung ist ein feucht-fröhliches Ereignis.
Bei den St. Pauli-Landungsbrücken, Brücke 10, Tel.: 040/42 10 28 23, www.frauhedi.de

INNENSTADT

Nachtasyl
Nicht nur das Theatervolk vergnügt sich gern hoch oben im Thalia Theater unter der gewölbten Bardecke. Die Theaterbar hat das Flair einer wunderschönen Schulaula, auf dem dunklen Parkett tanzen Gäste mal zu Disco, mal zu Techno.
Alstertor 1, Tel.: 040/32 81 44 44, www.thalia-theater.de

KAROVIERTEL

PAL Top!
Endlich hat Hamburg wieder einen handfesten Techno-Club. André Stubbs, der schon den Baalsaal aus der Taufe gehoben hat, erntet seit der Eröffnung großen Respekt für seine internationalen Bookings. Aber auch Local Heroes bringen hier die Decke zum Schwitzen.
Karolinenstraße 45, www.facebook.com/PALWERKS

Uebel & Gefährlich
Ob Techno-Großraumparty, Hip-Hop-Party oder Indie-Konzert – ein Blick auf das erstklassige Veranstaltungsprogramm des Clubs im Feldstraßenbunker lohnt sich immer. Und ein Besuch sowieso – das denkmalgeschützte Gebäude mit meterdicken Wänden ist als Party-Location legendär, der Blick über das Millerntor-Stadion bis zum Hafen einmalig.
Feldstraße 66, Tel.: 01573/827 64 69, www.uebelundgefaehrlich.com

ST. PAULI

Baalsaal
In dem Keller-Tanzclub direkt an der Reeperbahn laufen House und Techno – und das auf einer monströsen Anlage. DJ-Stars legen in dem 200 Leute fassenden Club genauso auf wie Newcomer.
Reeperbahn 25, www.baalsaal.com

Golden Pudel Club
Der Pudel – auch bekannt als Elbphilharmonie der Herzen – ist eine der letzten Bastionen für internationale Subkultur im musikalischen Bereich. Hier geht man wegen des Line-up hin und tanzt, bis es von der Decke des kleinen Holzhäuschens tropft.
St. Pauli Fischmarkt 27, www.pudel.com

Grünspan
Der polnische Widerstandskämpfer Herschel Grynszpan stand bei dem Traditions-Musikclub in der Großen Freiheit Pate – und ebenso widerständig ist manchmal das Programm: Von Progressive Rock über Metal bis Seifenpop läuft hier alles.
Große Freiheit 58, Tel.: 040/31 79 34 83, www.gruenspan.de

Klubhaus
Seit Kurzem zieht die LED-Fassade des neu eröffneten Clubs alle Blicke vom Spielbudenplatz auf sich. Das Klubhaus ist ein neuer Heimathafen für Livemusik, Partys und Entertainment.
Spielbudenplatz 21, Tel.: 040/31 77 88 35, www.klubhaus-sanktpauli.de

Mojo Club
Als das Mojo 2013 nach zehnjähriger Abstinenz wieder eröffnete, ging ein Jubelschrei durch Hamburgs Partyszene, schließlich ist der Club eine legendäre Institution für Dancefloor-Jazz, Acid-Jazz und jegliche Breakbeats. Das neue Mojo befindet sich komplett unterirdisch in den Tanzenden Türmen.
Reeperbahn 1, Tel.: 040/319 19 99, www.mojo.de

Molotow
Das Molotow wurde 1990 gegründet und ist seit jeher feste Anlaufstelle für Konzerte rund um Indie, Rock, Punk, aber auch für Poetry Slams und elektronische Musik. Viele Bands haben vor ihrem kommerziellen Durchbruch im Molotow gespielt.
Nobistor 14, Tel.: 040/430 11 10, www.molotowclub.com

WEITER AUF SEITE 130 →

UEBEL & GEFÄHRLICH

Vera Heimsoth

Inhaberin *Savvy* und *Luba Luft Bar*

Welches sind Ihre Lieblingsbars in Hamburg?

Meine beiden natürlich, da gehe ich auch privat am liebsten hin, wenn ich ehrlich bin. Wenn ich es schaffe, dann aber auch super gerne in den *Chug Club,* eine Cocktailbar, die auch von einer Frau geführt wird. Betty ist eine tolle Gastgeberin, und die Drinks sind phänomenal.

Welcher Stadtteil ist zurzeit der spannendste in Hamburg?

Mit Abstand die Neustadt! Ein Viertel, das sich gerade neu entdeckt, aber komplett abseits von großen Ketten und Investoren. Es gibt Galerien, Weinbars, Kaffeeröstereien, Restaurants – alles inhabergeführte Läden. Und das in Hafen-, Alster-, Innenstadt- und Kieznähe.

Was muss man in Hamburg gemacht haben?

Auch wenn es sich abgedroschen anhört: mit dem Kanu die Alsterkanäle entdecken, eine Hafenrundfahrt und an den Elbstrand. Das macht Hamburg einfach aus.

Savvy Bar – Kaiser-Wilhelm-Straße 71, Neustadt / *Luba Luft Bar* – Am Brunnenhof 2–4, St. Pauli / *The Chug Club* – Taubenstraße 13, St. Pauli

ROLLERSKATE JAM IM MOJO CLUB

Lockenwickler raus, rein in Glitzerleggings und Knieschützer nicht vergessen: Einmal im Monat lädt das Mojo zum Tanzvergnügen der besonderen Art. In herrlichstem Siebzigerjahre-Flair lässt es sich zu super Oldschool-Tunes von DJ Mad von den Absoluten Beginnern und Gameboimusic auf acht Rollen tanzen, cruisen und die Hüften kreisen. Rollschuhe können vor Ort ausgeliehen werden!
Reeperbahn 1, www.mojo.de, jeden letzten Samstag im Monat, Einlass ab 19 Uhr

Moondoo
Wer es glamourös und edel mag, geht ins Moondoo: Hier führt man sich House, Funk, Disco, Electro oder R'n'B manchmal auch in puscheligen Lounges zu Gemüte.
Reeperbahn 136, Tel.: 040/319 55 30, www.moondoo.de

Noho
Das Noho beeindruckt mit stylischer Ausstattung: Eine riesige Discokugel trifft auf LED-Shows und Tanzkäfig. Es läuft House und R'n'B, das Publikum ist verdächtig hip.
Nobistor 10, Tel.: 040/41 92 69 23, www.noho-club.de

UPPEREAST

Prinzenbar
Jugendstilstuck, pompöse Kronleuchter und kitschige Spiegel schmücken den über 20 Jahre alten Club, in dem sich ein Rockkonzert ebenso gut feiern lässt wie ein Frühclub.
Kastanienallee 20, Tel.: 040/31 78 83 10, www.docks-prinzenbar.de

Unterm Strich
Der gemeinnützige clubkinder e.V. hat jüngst das Unterm Strich eröffnet, bei dem alles, was am Ende der Nacht übrig bleibt, dem Stadtteil gespendet wird – jede Musikrichtung und jedes Format finden hier Platz.
Reeperbahn 136, www.untermstrich.hamburg.de

Uppereast
Der Club im Uppereast Hotel verspricht gehobene Clubatmosphäre inklusive Loungeecken oder auch VIP-Bereich, Lichtshows, chicen Partygästen und noch chiceren Cocktails.
Simon-von-Utrecht-Straße 31, Tel.: 040/30 99 30, www.east-hamburg.de

ROLLERSKATE JAM IM MOJO CLUB

Villa Nova
Internationale Gast-DJs aus der House- und Techno-Szene geben sich in dem Club, der bis vor Kurzem noch Ego hieß und Hamburgs bekanntestem DJ Solomun gehörte, die Klinke in die Hand. DJ Solomuns Labelpartner H.O.S.H ist geblieben und führt den Underground-Laden nun in die Zukunft.
Talstraße 9, www.villanova.club

STERNSCHANZE

Kleiner Donner
Im Herzen der Schanze, im Keller des ehemaligen Kulturhaus 73, befindet sich dieser Miniclub, der am liebsten Hip-Hop-Feten schmeißt, aber auch ein guter Ort für Livekonzerte und elektronische Tanzmusik ist.
Schulterblatt 73, www.facebook.com/kleinerdonner.hamburg

Kunst & Kultur

IN HAMBURG TRIFFT EIN HOCHKARÄTIGES KULTURPROGRAMM AUF EIN EBENSO HOCHKARÄTIGES PUBLIKUM.

HAMBURG IST IN ERSTER LINIE eine wohlhabende Kaufmannsstadt – und zeigt dies nach außen hin voller Stolz. Dass sich hinter der blitzsauberen und funkelnden Fassade ein hochkarätiges Kunst- und Kulturprogramm verbirgt, das bis in die suspektschönen Tiefen der Subkultur reicht, vergessen die Hamburger leider gern mal. So lässt sich hin und wieder ein leicht spöttisches Gelächter vernehmen, wenn diskutiert wird, ob Hamburg nun eine Kulturstadt sei oder nicht. Natürlich ist sie das! Und noch vieles mehr: Wer will, kann jeden Tag in eine komplett neue Kulturszene eintauchen.

Mit ihren 45 Theatern, diversen Off-Spielstätten, 60 Museen, reichlich Galerien, den großen Konzerthäusern und zahlreichen Festivals gleicht die Stadt einer riesengroßen Bühne. Darunter befinden sich die drei Staatstheater – das *Thalia Theater,* das *Deutsche Schauspielhaus* und die *Hamburgische Staatsoper* – ebenso wie die *Hamburger Kunsthalle,* die *Deichtorhallen* oder *Kampnagel.* Letzteres ist ein kultureller Ort, der unter der Leitung seiner großartigen Intendantin Amelie Deuflhard immer wieder Interventionen im öffentlichen Raum vornimmt und politische Impulse setzt, zuletzt mit der Beherbergung von Flüchtlingen auf dem Kampnagel-Gelände.

In Hamburg trifft ein hochkarätiges Kulturprogramm auf ein ebenso hochkarätiges Publikum – seit jeher lässt sich das kulturelle Angebot angesichts der Nichtexistenz eines Hofes oder Fürsten auf private Initiativen zurückführen. Viele Institutionen, die heute von großer internationaler Bedeutung sind, gedeihen seit den Dreißigerjahren in einem mäzenatischen und liberalen Ökosystem. Hamburgs bekannteste Mäzene sind Harald Falckenberg mit seiner *Sammlung Falckenberg,* Kurt A. Körber, der die renommierte Körber-Stiftung gründete, oder Aby Warburg, dem zu Ehren seit 1980 ein hoch dotierter Kunstpreis und zahlreiche Stipendien verliehen werden.

Aber es sind bei Weitem nicht nur die reichen Hamburger Mäzene, die Einfluss auf das Kulturprogramm nehmen, sondern insbesondere auch die politische Kultur, die seit Anfang der Achtzigerjahre aus der Hausbesetzerszene rund um die Hafenstraße hervorging, im linksalternativen Milieu im Schanzenviertel gedieh und bis heute verschrobene, aber gleichwohl für die Stadt unentbehrliche Protagonisten hervorbringt, die kontinuierlich Störfaktoren im Kulturbetrieb sind. Angefangen bei den Punkrock-Größen Slime und Die Goldenen Zitronen über den mittlerweile in Berlin lebenden Maler Daniel

DEICHTORHALLEN

KAMPNAGEL

Richter und Graffiti-Legende *OZ* bis hin zu den Autoren und Künstlern Rocko Schamoni, Jacques Palminger und Heinz Strunk mit ihrer fiktiven Achtzigerjahre-Band Fraktus. Zu diesem Ökosystem gesellt sich darüber hinaus eine Horde von Nachwuchskünstlern, die entweder der tiefsten Szene entsprungen sind oder die Hochschule für bildende Künste ihr Zuhause nennen und regelmäßig mit Installationen, Performances und Projekten jeglicher Art für Furore sorgen. Zuletzt HFBK-Absolvent Yann-Vari Schubert, der nach seinem Abschluss in Windeseile seine erste Ausstellung in der *Galerie Conradi* hatte.

Nicht nur die Geschichte der Beatles begann in Hamburg, auch wichtige musikalische Strömungen wie die Hamburger Schule mit Tocotronic und Die Sterne oder Hamburgs Hip-Hop-Kultur mit den Beginnern, Deichkind, Fettes Brot und Fünf Sterne Deluxe gingen von hier aus.

Und schlussendlich gilt Hamburg auch noch als *die* Musical-Hauptstadt Deutschlands. Hier wurde Andrew Lloyd Webbers „Cats" zum ersten Mal in Deutschland gespielt, und „Der König der Löwen" sorgt seit bald fünfzehn Jahren für Besucherrekorde.

Dass der Wiener Künstler und Kulturunternehmer André Heller 1987 seine skurril-avantgardistische Mischung aus Varieté und Zirkus „Luna Luna" ausgerechnet in Hamburg verwirklichte, kommt somit nicht von ungefähr. Finanziert vom Hamburger Bauer Verlag, fertigten damals die Künstlerstars Andy Warhol, Roy Lichtenstein und Keith Haring Seite an Seite mit damaligen Nachwuchskünstlern wie Jean-Michel Basquiat eigens Werke und sogar Fahrgeschäfte und hielten sich zum Teil eine Zeit lang in Hamburg auf.

Die Stadt am Hafen, in der das Wort zählt und Projekte per Handschlag besiegelt werden, ist trotz oder gerade wegen all ihrer Gegensätze am Ende des Tages die perfekte Keimzelle für alle Ausdrucksformen der Kunst. Oder anders ausgedrückt: Wenn Wohlstand auf Gegenkultur trifft, fliegen die Fetzen – und das in allen Genres und Disziplinen. — LISA VAN HOUTEM

MUSEEN & INSTITUTIONEN

ALTSTADT

Deichtorhallen Hamburg *Top!*

1911 und 1913 gebaut, stellen die beiden historischen Deichtorhallen mit der offenen Stahlglasarchitektur den kulturellen und architektonischen Fixstern zwischen Hafencity und Hauptbahnhof dar – und gehören zu den größten Ausstellungshäusern für Fotografie und zeitgenössische Kunst Europas. Während in der Halle für aktuelle Kunst in Großprojekten künstlerische Positionen der Gegenwart vorgestellt werden, finden sich im Haus der Photographie Wechselausstellungen am Puls der Zeit und auf hohem internationalem Niveau. Zu den Deichtorhallen gehören außerdem die Bibliothek F. C. Gundlach mit 9000 Bänden, die Fachbuchhandlung für Photographie und das Restaurant Fillet of Soul.
Deichtorstraße 1, Tel.: 040/321 03-0, www.deichtorhallen.de, Öffnungszeiten: Di–So 11–18 Uhr

Kunstverein in Hamburg

Der 1917 gegründete Kunstverein ist ein eingetragener und gemeinnütziger Verein, dessen Aufgabe es ist, zeitgenössische Kunst zu vermitteln. Er ist eine der ältesten Institutionen dieser Art in Deutschland. Sein Sitz ist in einer alten Markthalle, die von der Architektengemeinschaft Störmer und Partner, Floder & Simons zu einem modernen Ausstellungsort umgestaltet wurde. 2013 hat Bettina Steinbrügge die Leitung des Kunstvereins als Direktorin mit dem Ziel übernommen, verschiedene Facetten der Kunst zu vermitteln – von der Fotografie über Film bis zur Literatur. Der Kunstverein zeigt junge Kunst und stellt gleichzeitig die Frage, was sie eigentlich ist und was sie über die Gesellschaft sagt.
Klosterwall 23, Tel.: 040/32 21 57, www.kunstverein.de, Öffnungszeiten: Di–So 12–18 Uhr

HAMBURGER KUNSTHALLE

HAFENCITY

Speicherstadtmuseum

Im Speicherblock L, der 1888 im neugotischen Stil und nach einem Entwurf des Hamburger Architekten Georg Thielen gebaut wurde, befindet sich das Speicherstadtmuseum. Es dokumentiert die Bau- und Nutzungsgeschichte der historischen Speicherstadt und zeigt in einer Dauerausstellung das Leben und den Alltag der Quartiersleute sowie ihre Lagertätigkeiten rund um Kaffeesäcke, Zuckerklatschen und Griepen.
Am Sandtorkai 36, Tel.: 040/32 11 91, www.speicherstadtmuseum.de, Öffnungszeiten: Mo–Fr 10–17 Uhr, Sa & So 10–18 Uhr

HARBURG

Kunstverein Harburger Bahnhof

In den wunderschönen Räumlichkeiten eines ehemaligen Erste-Klasse-Wartesaals, direkt gegenüber von Gleis 3 & 4 des Harburger Bahnhofs, ist der Kunstverein Harburger Bahnhof zu Hause. 1999 von den ortsansässigen Künstlern René Havekost und Udo Dettmann gegründet, wird hier auf 300 Quadratmetern zeitgenössische Kunst gezeigt.
Hannoversche Straße 85, Tel.: 040/76 75-3896, www.kvhbf.de, Öffnungszeiten: Mi–So 14–18 Uhr

INNENSTADT

Bucerius Kunst Forum

In jährlich vier von Gastkuratoren konzipierten Ausstellungen widmet sich das Bucerius Kunst Forum der Kunst von der Antike bis zur Gegenwart. Das Ausstellungshaus wird von der gemeinnützigen ZEIT-Stiftung Ebelin und Gerd Bucerius getragen und will eine Brücke zwischen alter und moderner Kunst schlagen.
Rathausmarkt 2, Tel.: 040/36 09 96-0, www.buceriuskunstforum.de, Öffnungszeiten: Fr–Mi 11–19 Uhr, Do 11–21 Uhr

Hamburger Kunsthalle

Ein Besuch der Hamburger Kunsthalle gehört zum Pflichtprogramm, schließlich beherbergen die drei wunderbaren Gebäude nahe der Alster eine der wichtigsten öffentlichen Kunstsammlungen Deutschlands. Die Ausstellung zeigt Werke aus sieben Jahrhunderten Kunstgeschichte, Sammlungsschwerpunkte sind die norddeutsche mittelalterliche Malerei, die niederländische Malerei des 17. Jahrhunderts, die deutsche Malerei des 19. Jahrhunderts und die klassische Moderne. Der zeitgenössischen Kunst ist mit der Galerie der Gegenwart ein eigener Gebäudekomplex gewidmet.
Glockengießerwall 5, Tel.: 040/428131-200, www.hamburger-kunsthalle.de, Öffnungszeiten: Di & Mi 10–18 Uhr, Do 10–21 Uhr, Fr–So 10–18 Uhr

Museum für Kunst und Gewerbe

Als eines der führenden Museen für Kunst und Design gilt das 1877 eröffnete Museum für Kunst und Gewerbe nahe des Hauptbahnhofs. Mit Sammlungen von der Antike bis in die Gegenwart, die den europäischen, den islamischen und den fernöstlichen Kulturraum umfassen, erzählt es die Geschichte menschlicher Kreativität. Highlights sind die Jugendstilräume und natürlich die Kantine des ehemaligen Spiegel-Verlagshauses in Orange-Rot, gestaltet von dem dänischen Designer Verner Panton.
Steintorplatz 1, Tel.: 040/42 81 34-880, www.mkg-hamburg.de, Öffnungszeiten: Di & Mi 10–18 Uhr, Do 10–21 Uhr, Fr–So 10–18 Uhr

MUSEUM FÜR KUNST UND GEWERBE

WEDEL

Ernst-Barlach-Museum Wedel

Das 1987 eröffnete Künstlermuseum widmet sich dem Werk von Ernst Barlach und befindet sich in seinem Geburtshaus in Wedel. Das Museum verfügt über eine Sammlung von Zeichnungen, Lithografien, Skulpturen, Holzschnitten, Briefen und Manuskripten.
Baron-Voght-Straße 50a, Tel.: 040/82 60 85, www.barlach-haus.de, Öffnungszeiten: Di–So 11–18 Uhr

WEITER AUF SEITE 142 →

Eveline Hall

Balletttänzerin, Sängerin,
Schauspielerin & Model

Ich lebe gern in Hamburg, weil …
… ich mit der Hamburgischen Staatsoper immer noch in enger emotionaler Verbindung stehe und mich in künstlerischen Fragen nach wie vor gerne an das Haus wende. Außerdem liebe ich die *Alster* und den Spaziergang dort. Besonders, wenn die Alster zugefroren ist. Es gibt nichts Schöneres!

Meine drei Hamburger Kultur-Highlights sind …
… das *Thalia Theater*, die *Laeiszhalle* und das *Schauspielhaus*.

Was sollte man in Hamburg unbedingt erlebt haben?
Bestimmte Amüsements auf dem Kiez, wie das *Pulverfass Cabaret*, und anschließend gehe ich auf den *Hamburger Dom*.

Was inspiriert Sie an Hamburg?
Meine schöne Kindheit, die ich in Hamburg-Eppendorf erleben konnte. Diese Freiheit ist mit mir verwachsen.

Alster – Harvestehude / *Thalia Theater* – Alstertor 1, Innenstadt / *Laeiszhalle* – Johannes-Brahms-Platz 1, Neustadt / *Deutsches Schauspielhaus* – Kirchenallee 39, St. Georg / *Pulverfass Cabaret* – Reeperbahn 147, St. Pauli / *Hamburger Dom* – Heiligengeistfeld, St. Pauli

WILHELMSBURG

Hafenmuseum Hamburg
Wer Hamburg von der südlichen Elbseite aus bewundern möchte, setzt über nach Wilhelmsburg und besucht das Hafenmuseum. Der Blick über den Freihafen mit der Hamburger Skyline inklusive Michel, Fernsehturm und Köhlbrandbrücke ist einmalig. Anhand der Sammlung zum Hamburger Schiffbau und Güterumschlag lässt es sich besonders tief in die Geschichte des Hamburger Hafens eintauchen.
Australiastraße 50b, Tel.: 040/73 09 11 84, www.hafenmuseum-hamburg.de, Öffnungszeiten: Di–So 10–18 Uhr

---

Kunstmeile Hamburg
Ein Ticket, fünf Häuser: Das Bucerius Kunst Forum, die Deichtorhallen, die Hamburger Kunsthalle, der Kunstverein Hamburg und das Museum für Kunst und Gewerbe laden zum Flanieren und Entdecken auf der Kunstmeile ein.

www.kunstmeile-hamburg.de

Private Sammlung

HARBURG

Sammlung Falckenberg
Der Jurist und Unternehmer Harald Falckenberg hat sich der Gegenwartskunst verschrieben und ist mit seiner Sammlung seit 2001 in den Phoenix-Hallen in Hamburg-Harburg zu finden. Hier werden Künstler wie Jon Kessler, Robert Wilson oder Paul Thek gezeigt – außerdem dauerhafte Installationen von John Bock, General Idea, Thomas Hirschhorn, Mike Kelley, Jon Kessler, Jonathan Meese oder Gregor Schneider.
Wilstorfer Straße 71, Tel.: 040/30 38 68 95, www.sammlung-falckenberg.de, Öffnungszeiten: Führungen samstags um 15 Uhr und sonntags um 12 & 15 Uhr

Galerien

ALTONA

Stilwerk Limited Edition Design Gallery
Große Elbstraße 68, 5. OG, Tel.: 040/28 80 94 83, www.stilwerk-designgallery.com, Öffnungszeiten: Di–Fr 10–19 Uhr, Sa 10–18 Uhr

ALTSTADT

Flo Peters Gallery
Chilehaus C, Pumpen 8, Tel.: 040/30 37 46 86, www.flopetersgallery.com, Öffnungszeiten: Di–Fr 12–18 Uhr, Sa 11–15 Uhr

Galerie Borchardt
Hopfensack 19, Tel.: 040/38 89 88, www.galerie-borchardt.de, Öffnungszeiten: Di–Fr 12–18 Uhr, Sa 11–16 Uhr

Galerie Evelyn Drewes
Sprinkenhof, Burchardstraße 14, Tel.: 0151/11 53 62 22, www.evelyndrewes.de, Öffnungszeiten: Di–Fr 14–18 Uhr

Galerie Nanna Preußners
Galeriehaus Hamburg, Klosterhaus 13, Tel.: 040/32 96 76 71, www.nannapreussners.de, Öffnungszeiten: Di–Fr 12–18 Uhr, Sa 12–16 Uhr

PHOENIX
Tor 2

Mikiko Sato Gallery
Klosterwall 13, Tel.: 040/32 90 19 80, www.mikikosatogallery.com, Öffnungszeiten: Di–Fr 12–18 Uhr, Sa 12–16 Uhr

EPPENDORF

Circle Culture Gallery
Bismarckstraße 98, Tel.: 040/554 34 39 55, www.circleculture-gallery.com, Öffnungszeiten: Do–Fr 12–19 Uhr

Only Art Club
Eppendorfer Weg 235, Tel.: 040/36 03 56 84, www.onlyartclub.com, Öffnungszeiten: Di–Fr 12–20 Uhr, Sa 14–20 Uhr

INNENSTADT

Dorothea Schlüter
Große Bäckerstraße 4, Tel.: 040/31 97 37 63, www.dorotheaschlueter.com, Öffnungszeiten: Mi–Fr 12–18 Uhr, Sa 12–15 Uhr

Galerie Conradi
Admiralitätstraße 71, Tel.: 040/36 09 85 15, www.galerie-conradi.de, Öffnungszeiten: Mi–Sa 12–18 Uhr

Galerie Karin Guenther
Admiralitätstraße 71, Tel.: 040/37 50 34 50, www.galerie-karin-guenther.de, Öffnungszeiten: Mi–Fr 14–18 Uhr, Sa 12–15 Uhr

Galerie Melike Bilir
Admiralitätstraße 71, Tel.: 040/29 89 73 82, www.melikebilir.com, Öffnungszeiten: Mi–Fr 15–18 Uhr, Sa 14–16 Uhr

Persiehl & Heine Galerie für Fotografie
Bergstraße 11, Tel.: 040/74 32 05 20, www.persiehl-heine.de, Öffnungszeiten: Di–Fr 11–18 Uhr, Sa 11–16 Uhr

Produzenten Galerie
Admiralitätstraße 71, Tel.: 040/37 82 32, www.produzentengalerie.com, Öffnungszeiten: Di–Fr 11–14 Uhr & 15–18 Uhr, Sa 11–15 Uhr

KAROVIERTEL

Galerie Die Schlumper
Marktstraße 131, Tel.: 040/43 09 21 98, www.schlumper.de, Öffnungszeiten: Mi–Fr 16–19 Uhr, Sa 11–17 Uhr, So 14–17 Uhr

NEUSTADT

Feinkunst Krüger
Kohlhöfen 8, Tel.: 040/31 79 21 58, www.feinkunst-krueger.de, Öffnungszeiten: Do & Fr 12–19 Uhr, Sa 12–18 Uhr

Galerie Kai Erdmann
Klosterwall 4, Tel.: 040/32 52 73 10, www.galeriekaierdmann.de, Öffnungszeiten: Mi–Fr 11–18 Uhr, Sa 11–14 Uhr

Heliumcowboy
Bäckerbreitergang 75, Tel.: 040/48 40 88 60, www.heliumcowboy.com, Öffnungszeiten: nach Vereinbarung

OZM ART SPACE GALLERY

ST. PAULI

Affenfaust Galerie Top!

Paul-Roosen-Straße 43, Tel.: 040/84 89 88 58, www.affenfaust.org, Öffnungszeiten: Mi & Do 17–21 Uhr, Sa 14–18 Uhr

Projekte, Räume & Orte

ALTSTADT

Kunsthaus Hamburg

Das Kunsthaus, gleich neben dem Kunstverein gelegen, versteht sich als Ort der Kommunikation und als Diskussionsplattform für aktuelle gesellschaftsrelevante Fragen. Nachwuchskünstler werden auf 500 Quadratmetern in wechselnden Einzel- und Gruppenausstellungen präsentiert.

Klosterwall 15, Tel.: 040/33 58 03, www.kunsthaushamburg.de, Öffnungszeiten: Di–So 11–18 Uhr

INNENSTADT

Multiple Box

„Kunst für jedermann" ist das Credo des Künstlers und Galeristen Siegfried Sander, der ab den Siebzigerjahren mit Joseph Beuys zusammenarbeitete. In dem Kunsthaus Multiple Box an der Fleetinsel gibt es Auflagenkunst junger Künstler sowie Editionen und Klassiker zu erwerben.

Admiralitätstraße 76, Tel.: 040/37 51 75 10, www.multiple-box.de, Öffnungszeiten: Di–Fr 11–19 Uhr, Sa 11–17 Uhr

KAROVIERTEL

Hinterconti

Hinter dem eingetragenen Verein verbirgt sich ein Zusammenschluss Hamburger Kunst- und Kulturschaffender. Seit 2000 werden hier wöchentlich wechselnde Ausstellungen organisiert – mit Künstlern aus Hamburg und der ganzen Welt.

Marktstraße 40a, www.hinterconti.de

ST. GEORG

Kunstraum Hosenstall e.V.

Der Hosenstall e.V. ist in einer alten Droschkenstation zu Hause und verfolgt die Mission, dass Kunst und Kultur nicht kommerziell sein müssen, sondern hauptsächlich jedermann zugänglich sein sollen.

Ellmenreichstraße 28, Tel.: 0172/522 47 78, www.hosenstall-gallery.de, Öffnungszeiten: Mi–So 16–22 Uhr

STERNSCHANZE

OZM Art Space Gallery

Mitten im Hamburger Schanzenviertel befindet sich die OZM Art Space Gallery, die auf 400 Quadratmetern Urban-Art mit dem Schwerpunkt Graffiti und Street-Art präsentiert. Der Ort verändert sich mit jedem Künstler, der dazustößt.

Bartelsstraße 65, Tel.: 040/50 71 95 08, www.onezeromore.com, Öffnungszeiten: Do & Sa 13–19 Uhr

WEITER AUF SEITE 150 →

STREET-ART

Über 20 Murals aus insgesamt sechs Jahrzehnten schmücken mittlerweile Hamburgs Wände. Angesichts der großen und stetig florierenden Graffiti-Szene ist dies kein Wunder, sind doch Graffiti- und Street-Art-Szene in Hamburg eng miteinander verwoben und bespielen gemeinsam vor allem St. Pauli, das Karo- und das Schanzenviertel als eine Art Freiluftgalerie. Berühmtester Protagonist ist und war zweifelsohne OZ, der Großvater der Sprüherszene, der sich mit schätzungsweise rund 130.000 Smiley- und OZ-Tags für immer in Hamburg verewigt hat und leider – wie sollte es anders sein – 2014 beim Sprühen auf den Bahngleisen den Tod fand. Der Künstler Marshal Arts wiederum ist durch OZ zur Street-Art gekommen, eines seiner Werke zeigt eine Frau, die ein Selfie von sich macht, während sie das Victory-Zeichen macht – dabei aber in eine Waffe blickt. Seine Paste-ups werden mittlerweile in New York ausgestellt. Dann ist da noch Das OLF, der politische Botschaften mitsendet und uns auffordert: Reclaim your Identity! Reclaim your Brain! Aktuell mischen die Calligraffiti-Artists XULI und Anna T-Iron die Street-Art-Szene auf: XULI gestaltete einen kompletten Kubus beim MS Artville, und Anna T-Iron verdanken wir das großartige Dìa-de-los-Muertos-Mural bei der Bar Roosen. Essenziell für die Hamburger Street-Art-Szene ist die noch junge, aber schon heiß und innig geliebte

LOW BROS

LOW BROS

Affenfaust Galerie, die als Inkubator fungiert und in kürzester Zeit zum Mittelpunkt für urbane Kunst in Hamburg geworden ist. Dass Street-Art in Hamburg nie aussterben wird, dafür sorgt die Stadt mit ihren Industrieflächen und dem Hafengebiet selbst – und schließlich gehört diese Kunstform zu einer weltoffenen Stadt einfach dazu.

Die drei bekanntesten Murals sind:

- *Black Widow* von Nychos, *Caffamacherreihe*
- *Fischernetz* von Innerfiels, *Lippmannstraße*
- *Fisch-Mural* von Low Bros, *Wohlwillstraße*

Egle Otto

Künstlerin

Alster oder Elbe?

Die Elbe – am allerliebsten das *Falkensteiner Ufer!* Wenn man allerdings ein ausführliches Gespräch führen möchte, dann ist das Umrunden der Alster fantastisch dafür geeignet. Die Größe der *Außenalster* entspricht genau der Länge eines gut geführten Dialogs.

Als Künstlerin lebt es sich in Hamburg gut, weil …

… hier das Wort zählt. Absprachen werden verbindlich eingehalten, das ist super, um Projekte zu realisieren. Außerdem gibt es hier ein kaufstarkes Publikum. Das ist von großem Vorteil, wenn es darum geht, die teuren Mieten in dieser Stadt zu finanzieren.

Welche Galerien sollte man in Hamburg besuchen?

Die *Sammlung Falckenberg* in Harburg ist ein echtes Erlebnis, genauso wie die *Deichtorhallen* – in der Halle für aktuelle Kunst finden regelmäßig großartige Ausstellungen statt. Der *Kunstverein* sorgt immer wieder für Kontroversen, die ich im Sinne eines Diskurses für sehr wertvoll halte. Und von den Galerien in der *Admiralitätstraße* aus kann man einen Schlenker zu *Feinkunst Krüger* machen und dann die Galerien im *Kontorhausviertel* besuchen.

Was inspiriert Sie an Hamburg?

Inspirierend in und an Hamburg ist die Luft dieser Hansestadt. Ich liebe es sehr, dass ich immer wieder Möwen in meinem Hinterhof beobachten kann. Die Verdichtung rund um das *Millerntor-Stadion* mit den singenden Menschenmassen beim Spiel vom FC St. Pauli, der *Dom,* der *Bunker* und die *Rindermarkthalle,* der *Schlachthof* und die *Marktstraße* wirken auch nach über einem Jahrzehnt immer noch euphorisierend auf mich.

Falkensteiner Ufer – Blankenese / *Außenalster* – Harvestehude / *Sammlung Falckenberg* – Wilstorfer Straße 71, Harburg / *Deichtorhallen* – Deichtorstraße 1, Altstadt / *Kunstverein in Hamburg* – Klosterwall 23, Altstadt / *Galerien in der Admiralitätstraße* – Admiralitätstraße 71, Neustadt / *Feinkunst Krüger* – Kohlhöfen 8, Neustadt / *Galerien im Kontorhausviertel* – Altstadt / *Millerntor-Stadion* – Harald-Stender-Platz 1, St. Pauli / *Hamburger Dom* – Heiligengeistfeld, St. Pauli / *Bunker* an der Feldstraße 66, St. Pauli / *Rindermarkthalle* – Neuer Kamp 31, St. Pauli / *Schlachthof* – Karoviertel / *Marktstraße* – Karoviertel

Events

add art
Jedes Jahr an einem Wochenende im November öffnen Hamburger Unternehmen und Institutionen ihre Räume und zeigen Kunst – vorhandene Kunst oder speziell für die Veranstaltung ausgewählte Kunst von Nachwuchskünstlern der HAW Hamburg.
www.addart.de

Affordable Art Fair
Bei der jährlich im November stattfindenden Affordable Art Fair sind um die 75 renommierte nationale und internationale Galerien dabei, die Arbeiten zeitgenössischer Künstler bis 7500 Euro präsentieren.
www.affordableartfair.com

Index
Die Ausstellungsreihe Index präsentiert mediale Positionen und Installationen. Index versteht sich als Übersichtsschau für aktuelle Kunst.
www.index-hamburg.de

THALIA IN DER GAUSSSTRASSE

Knotenpunkt Festival
Top!

Organisiert und kuratiert von der Affenfaust Galerie, wird die Stadt Hamburg während des Knotenpunkt Festivals zum Mittelpunkt für urbane Kunst. Das Festival wird begleitet von Aktionen im öffentlichen Raum, darunter Installationen, Performances und Fassadenmalerei.
www.knotenpunkt.net

Lange Nacht der Museen
Mehr als 50 Museen und Ausstellungshäuser feiern jährlich im April die Lange Nacht der Museen. Zwischen 18 und 2 Uhr gibt es ein beeindruckendes Programm mit knapp 700 Einzelveranstaltungen: Führungen, Kulinarisches, Musik, Tanz und mehr.
www.langenachtdermuseen-hamburg.de

salondergegenwart
Über 160 zeitgenössische Positionen hat der salondergegenwart seit 2011 gezeigt – die Veranstaltung des Ideengebers Christian Holle findet jährlich im November statt. Mit dabei sind etablierte Künstler und Nachwuchskünstler.
www.salondergegenwart.de

Theater

ALTONA

Altonaer Theater
Literarische Vorlagen und historische Stoffe sind das Steckenpferd des privaten Theaters. Mephisto feierte hier ebenso Erfolg wie der Bestseller „Der Hundertjährige, der aus dem Fenster stieg".
Museumstraße 1, Tel.: 040/39 90 58 70, www.altonaer-theater.de

KNOTENPUNKT FESTIVAL

Thalia in der Gaußstraße

Das Thalia in der Gaußstraße ist eine Dependance des Thalia Theaters, steht für klassisches und modernes Schauspiel und widmet sich besonders dem multinationalen Zusammenhang – ein Kreativort für junge künstlerische Initiativen.
Gaußstraße 190, Tel.: 040/30 60 39-10, www.thalia-theater.de

ALTSTADT

Das Schiff

Großes Theater auf kleinem Raum: Seit 35 Jahren steht Das Schiff, das im schönen Nikolaifleet liegt, für Theater, Kabarett und Literatur auf hohem Niveau.
Nikolaifleet, Holzbrücke 2, Tel.: 040/69 65 05-80, www.theaterschiff.de

Die 2te Heimat

Angelehnt an die Salonkultur des vergangenen Jahrhunderts, lässt sich hier ein besonderer Mix aus Kultur und Kulinarik genießen. Nach der Aufführung kann man sich beim Essen mit dem Tischnachbarn über das Stück austauschen.
Max-Brauer-Allee 34, Tel.: 040/30 60 65 41, www.die2teheimat.de

INNENSTADT

Thalia Theater

Seit 2009 leitet Intendant Joachim Lux das Thalia Theater, das für mutige und progressive Inszenierungen steht. Derzeit sorgt Regie-Ausnahmetalent Antú Romero Nunes für Furore.
Alstertor 1, Tel.: 040/32 81 44-44, www.thalia-theater.de

DEUTSCHES SCHAUSPIELHAUS

ST. GEORG

Deutsches Schauspielhaus

Deutschlands größtes Sprechtheater befindet sich seit 1899 direkt am Hauptbahnhof. Unter Gustaf Gründgens erlebte das Haus seine größte Glanzzeit, unvergessen seine Inszenierung des „Faust" 1960. Seit 2013 ist Karin Beier Intendantin und Regisseurin zugleich.
Kirchenallee 39, Tel.: 040/248 71-0, www.schauspielhaus.de

Ohnsorg Theater

Das Ohnsorg Theater ist ein echtes Hamburger Original mit viel Herz und plattdeutscher Schnauze.
Heidi-Kabel-Platz 1,
Tel.: 040/35 08 03-0, www.ohnsorg.de

ST. PAULI

Schmidts Tivoli

Das Schmidt Theater, das Schmidtchen und das Schmidts Tivoli ergeben das schrill-plüschige Dreiergespann auf dem Kiez, das 1988 von Corny Littmann gegründet wurde.
Spielbudenplatz 27, Tel.: 040/31 77 88 99, www.tivoli.de

SCHMIDTS TIVOLI

St. Pauli Theater

Kiez pur bedeuten die Bretter des St. Pauli Theaters. Das schöne, unter Denkmalschutz stehende Haus ist das älteste Privattheater der Stadt und versteht sich heute als modernes Volkstheater.
Spielbudenplatz 29–30,
Tel.: 040/47 11 06 66,
www.st-pauli-theater.de

UHLENHORST

Ernst Deutsch Theater

1951 von den Schauspielern Friedrich Schütter und Wolfgang Borchert gegründet, ist das Ernst Deutsch Theater ein Ort für zeitgenössische Dramatik und gesellschaftspolitische Auseinandersetzungen.
Friedrich-Schütter-Platz 1,
Tel.: 040/22 70 14-20,
www.ernst-deutsch-theater.de

WEITER AUF SEITE 156 →

KAMPNAGEL

Man kann sie liebevoll als Hofnarren der Stadt bezeichnen, die Theater-, Tanz- und Performancegruppen, die Kampnagel-Intendantin Amelie Deuflhard um sich schart. Kampnagel war ursprünglich eine Maschinenfabrik in Hamburg-Winterhude, die 1865 gegründet wurde und seit 1982 als Veranstaltungsort für zeitgenössische darstellende Kunst über die Stadtgrenzen hinaus bekannt ist. Freie Gruppen wie Showcase Beat Le Mot oder She She Pop sind hier zu Hause, und das Internationale Sommerfest ist jeden August Garant für ein kulturell-explosives Programm aus allen Genres. Aber Kampnagel kann nicht nur Kunst, sondern auch Politik: Im Rahmen des Kunstprojekts *ecoFavela Lampedusa Nord* hatte Amelie Deuflhard fünf afrikanischen Flüchtlingen in einem der Roten Flora nachempfundenen Gebäude auf dem Kampnagel-Gelände Zuflucht gewährt und so für mehr Solidarität geworben.

Jarrestraße 20, Tel.: 040/27 09 49-49, www.kampnagel.de

Bettina Steinbrügge

—

Direktorin des Kunstverein in Hamburg

—

Was ist für Sie besonders norddeutsch?

Spezifisch norddeutsch ist für mich eine gewisse Klarheit und Direktheit. Das bedeutet, ohne Umwege direkt auf den Punkt zu kommen. Die Hamburger sind extrem sympathisch, und die Stadt zeichnet sich durch wunderbares Licht und sehr gute Luft aus.

Welches ist Ihr Hamburger Lieblingsviertel?

Ich mag besonders das Grindelviertel, wo ich mich an freien Tagen sehr gern aufhalte. Es gibt nette Bars, sehr feine Restaurants und ein hervorragendes Programm im *Abaton-Kino*. Außerdem liebe ich es, an der *Alster* spazieren zu gehen, denn es ist außergewöhnlich, einen solchen Ort mitten in der Stadt zu haben.

Was macht Hamburg zur Kulturstadt?

Die Stadt Hamburg hat sehr gute Institutionen in allen Bereichen. Das *Schauspielhaus* ist hervorragend, genauso das *Thalia Theater*. *Kampnagel* sorgt für ein sensationelles Kulturprogramm, und ich freue mich bereits sehr auf die *Elbphilharmonie* und ihr vielversprechendes Programm. Im Kunstbereich möchte ich die *Kunsthalle*, die *Deichtorhallen*, das *Kunsthaus* und das *Museum für Kunst und Gewerbe* nennen, die alle Ausstellungen auf sehr hohem Niveau zeigen.

Abaton-Kino – Allende-Platz 3, Grindelviertel / *Alster* – Harvestehude / *Deutsches Schauspielhaus* – Kirchenallee 39, St. Georg / *Thalia Theat*er – Alstertor 1, Innenstadt / *Kampnagel* – Jarrestraße 20, Winterhude / *Elbphilharmonie* – Am Kaiserkai, Hafencity / *Kunsthalle* – Glockengießerwall, Innenstadt / *Deichtorhallen* – Deichtorstraße 1, Altstadt / *Kunsthaus Ham*burg – Klosterwall 15, Altstadt / Mus*eum für Kunst und Gewer*be – Steintorplatz 1, Innenstadt

MS DOCKVILLE

Es hat ein bisschen gedauert, bis Hamburg das Festival bekommen hat, das so perfekt zu ihm passt wie der Fisch zum Brötchen – seit 2007 schreiben 25.000 vorrangig junge Besucher beim dreitägigen MS Dockville jeden August Festivalgeschichte. Das Besondere am Dockville ist dabei die Verbindung von Musik und bildender Kunst. Während Bands, DJs und Acts wie Caribou, Die Antwoord, Four Tet oder die Antilopen Gang auf einer der drei detailverliebten Bühnen – die hier Horn, Butterland und Nest heißen – auftreten, gibt es auf dem Artville-Gelände Kunst, Design und versteckte Plätze zum Abhängen zu entdecken.

Dabei kann man sich allein schon an der genialen Kulisse nicht sattsehen, inmitten von Hafen-Industrie tanzt man auf einer der größten Flussinseln Europas, an der ab und zu ein Schiff vorbeituckert – des Öfteren auch im knöcheltiefen Matsch, was nicht weniger charmant ist. Der Sonnenunter- und -aufgang sind atemberaubend, die Stimmung reicht im wahrsten Sinne des Wortes von feucht-fröhlich über ekstatisch bis kitschig-romantisch.

So pilgern junge Abiturienten ebenso zum Dockville wie Regen liebende Kreativhipster oder einfach Kunstinteressierte – und das schon Wochen vor dem Festivalstart. Das schöne Gelände wird dann vom Veranstaltungsteam bespielt: mit Open-Airs wie dem Vogelball, Kunstevents und Minifestivals wie dem Spektrum Festival.

Alte Schleuse 23, www.msdockville.de

Tanz

Hamburg Ballett

Die Ballettkompanie unter dem Ballettintendanten und Chefchoreografen John Neumeier ist in der Hamburgischen Staatsoper zu Hause, tritt aber auch regelmäßig auf anderen Bühnen im In- und Ausland auf.

www.hamburgballett.de

Oper

Hamburgische Staatsoper

Die Hamburgische Staatsoper am Gänsemarkt vereint unter ihrem Dach die Staatsoper Hamburg, das Philharmonische Staatsorchester Hamburg und das Hamburg Ballett.

Große Theaterstraße 25, Tel.: 040/35 68-0, www.staatsoper-hamburg.de

Musical

Stage Entertainment

Hamburg ist *die* Musical-Hauptstadt Deutschlands. Hier wurde Andrew Lloyd Webbers „Cats" zum ersten Mal in Deutschland gespielt. Zu den aktuellen Produktionen von Stage Entertainment gehören „Der König der Löwen", „Das Wunder von Bern" und „Aladdin".

www.stage-entertainment.de

MS DOCKVILLE

INTERNATIONALES SOMMERFESTIVAL

Festivals

Internationales Sommerfestival

Top!

Das Internationale Sommerfestival auf Kampnagel zeigt jeden August über 50 avantgardistische Performances und Projekte aus Tanz, Theater, Musik, Film und bildender Kunst.
www.kampnagel.de/internationales-sommerfestival

Reeperbahn Festival

Deutschlands größtes Clubfestival findet jährlich Ende September mit mehreren hundert Programmpunkten rund um die Reeperbahn statt.
www.reeperbahnfestival.com

Uberjazz Festival

Ein Festival für Jazz ohne Grenzen, von elektronisch bis akustisch, von alt bis neu, von Death Metal bis Afro Jazz.
www.ueberjazz.com

Hamburger Ballett Tage

Der Höhepunkt der Hamburger Ballett Tage unter der Leitung von John Neumeier ist jedes Jahr die fünfstündige Nijinsky-Gala.
www.hamburgballett.de

Harbour Front Literaturfestival

Beim Harbour Front Literaturfestival trifft sich die Literaturszene im Hamburger Hafen: Neuerscheinungen werden mittels Lesungen an ungewöhnlichen Orten vorgestellt.
www.harbourfront-hamburg.com

Musik

Laeiszhalle

Seit mehr als hundert Jahren ist die Laeiszhalle Hamburgs erste Adresse für Konzertveranstaltungen. Das schöne Gebäude im neobarocken Stil bietet dabei auch Raum für populäre Musik – z.B. für Techno-Größen wie Carl Craig oder Nicolas Jaar – und ist Wegweiser in Sachen musikalischer Zukunft.
Johannes-Brahms-Platz 1,
www.elbphilharmonie.de/laeiszhalle

Philharmonisches Staatsorchester Hamburg

Der amerikanische Dirigent Kent Nagano ist der Generalmusikdirektor des Philharmonischen Staatsorchesters Hamburg, das Konzerte in der Laeiszhalle sowie Opern- und Ballettaufführungen in der Hamburgischen Staatsoper spielt.
www.staatsorchester-hamburg.de

Beta Lounge

Samstags geht man zwischen Dinner und Party am besten in die Hamburger Botschaft zur Beta Lounge und lauscht experimenteller elektronischer Musik Hamburger Musiker.
Sternstraße 67, www.betalounge.com

Literatur

Literaturhaus

Literaturliebhaber begeben sich direkt in die weiße Villa an der Außenalster, suchen sich ein Buch in der Buchhandlung Samtleben aus, lesen es im Literaturhauscafé und besuchen abends eine spannende Lesung.
Schwanenwik 38,
www.literaturhaus-hamburg.de

Maria Gresz

Moderatorin und Redaktionsleiterin

Welche Hamburger Künstler sollte man kennen?

Ich bin ein großer Fan der Arbeiten von Henning Kles, Stefan Marx, Stefan Vogel, Thomas Baldischwyler, Paula Baader und 4000.

Welche Galerien oder Kunstveranstaltungen besuchen Sie gern?

In die *Galerie Conradi* gehe ich sehr gern, außerdem besuche ich regelmäßig *Feinkunst Krüger,* die *Galerie Karin Guenther* und schaue mir die jährliche Ausstellungsreihe *Index* im Kunsthaus an. Ebenfalls empfehlenswert sind die *Produzentengalerie* und die Jahresausstellungen der *HFBK.*

Hamburg ist eine Kulturstadt, weil …

… es – abgesehen von der Elbphilharmonie – schon jetzt bezahlbare Kunst für jeden gibt.

Galerie Conradi – Admiralitätstraße 71, Neustadt / *Feinkunst Krüger* – Kohlhöfen 8, Neustadt / *Galerie Karin Guenther* – Admiralitätstraße 71, Neustadt / *www.index-hamburg.de* / *Produzentengalerie* – Admiralitätstraße 71, Neustadt / *HFBK* – Lerchenfeld 2, Uhlenhorst

AESOP

Beauty & Entspannung

BEAUTY-TREATMENTS, NISCHENDÜFTE, MAKE-UP-BARS UND DIE SCHÖNSTEN JOGGINGSTRECKEN AM WASSER.

WER IN HAMBURG seinem Körper etwas Gutes tun will, nutzt am besten die zahllosen schönen Plätze am Wasser aus, um die Sonne und die frische Luft zu genießen oder Sport zu treiben. Eine beliebte Joggingstrecke ist zum Beispiel die Runde um die Außenalster, die gut sieben Kilometer lang ist und einen traumhaften Panoramablick beinhaltet. Nicht selten trifft man hier, neben Spaziergängern mit Hunden und Kinderwagen, Johannes B. Kerner, Cornelia Poletto oder Kai Pflaume auf der Laufstrecke. Ebenso bieten die Elbe in Richtung Blankenese und Hamburgs viele grüne Parks wie *Planten un Blomen* oder der Stadtpark eine besondere Kulisse fürs Joggen, Walken und Radfahren.

Auch wer sich verwöhnen lassen will, findet in der Hansestadt viele gute Adressen für Massagen, Treatments, Mani- oder Pediküre, Styling oder auch Rundum-Entspannung im Day Spa. In Hamburgs Make-up-Bar *The Beautery* lassen sich Hamburgerinnen gerne für einen besonderen Anlass schminken und stylen – oder in Sachen Make-up beraten. Wobei ihnen für den Alltag ein dezenter „No-Make-up-Look", bei dem höchstens die Lippen klassisch in Rot betont werden, am liebsten ist.

An verregneten Tagen sind beispielsweise das *Meridian Spa* oder die *Day Spas* in den Hotels *Gastwerk* und *The George* wunderbare Oasen der Ruhe und Erholung. Nach ein paar Saunagängen und einer Massage ist das Wetter vergessen, und Körper und Geist sind voller neuer Energie.

Beauty-Liebhaberinnen mit Lust auf Shopping kommen nicht nur in der riesigen Kosmetikabteilung des *Alsterhauses,* in der alle großen Brands vertreten sind, auf ihre Kosten, sondern auch in exquisiten Boutiquen wie *Harald Lubner* und *Sahling Düfte* in der Innenstadt, die ausgewählte Nischenmarken führen. Oder in der Hamburger Filiale des hippen australischen Labels *Aesop,* das exklusiv in Hamburg auch Behandlungen im hauseigenen Treatment-Raum anbietet.

Die besten Beauty-Souvenirs sind natürlich Produkte von Hamburger Kosmetiklabels. Stop The Water While Using Me ist eine nachhaltige Marke aus der Hansestadt, die sich mit richtig guten Produkten fürs Wassersparen einsetzt. Hinter dem Label Naturtalent steckt Naturkosmetik in Reinform, puristisch gestaltet und zu 100 Prozent vegan. Beide Labels verkaufen ihre Produkte übrigens auch über ihre jeweiligen Onlineshops. — ANNA WEILBERG

HARALD LUBNER

KOSMETIK & DAY SPAS

BLANKENESE

Ovieschön

Maria Ovie hat ihr eigenes Kosmetikstudio eröffnet, nachdem sie Erfahrung bei renommierten Instituten in Hamburg gesammelt hat. Bei Ovieschön bietet die gelernte Kosmetikerin und Physiotherapeutin nicht nur Kosmetikbehandlungen, sondern auch Massagen an.
Blankeneser Bahnhofstraße 40,
Tel.: 040/86 64 74 44,
www.ovieschoen.de, Öffnungszeiten:
Di–Fr 9–19 Uhr, Sa 8–14 Uhr

EPPENDORF

Meridian Spa

Wer eine Pause vom Alltag braucht, kann hier in der Sauna oder im Whirlpool entspannen, sich eine Massage, eine Ayurveda-Behandlung oder ein Beauty-Treatment gönnen. Filialen in der Innenstadt, in Wandsbek und Barmbek.
Quickbornstraße 26; außerdem Schaarsteinweg 6, Tel.: 040/65 89-12000,
www.meridianspa.de, Öffnungszeiten:
Mo, Mi, Fr 7–23 Uhr,
Di & Do 9–23 Uhr, Sa & So 9–22 Uhr

Spreeberg

Viele Hamburger Beauty-Expertinnen schwören auf Spreeberg, wenn es um Gesichtsbehandlungen, Tanning, Mani- oder Pediküre geht. Auch Massagen werden angeboten.
Eppendorfer Baum 39,
Tel.: 040/48 23 23, www.spreeberg.de,
Öffnungszeiten: Mo–Fr 9–19 Uhr,
Sa 8–16 Uhr

INNENSTADT

Eucerin Haut Institut

Statt luxuriösen Hochglanztiegeln bekommt man im Hautinstitut der Marke Eucerin eine professionelle Hautdiagnose und entsprechende Gesichts- sowie Körperbehandlungen.
Stephansplatz 3, Tel.: 040/349 62 82-0,
www.hautinstitut.de, Öffnungszeiten:
Mo–Sa 10–18 Uhr

BELLAPELLE

THE BEAUTERY

ROTHERBAUM

Hautkultur
Hier können Sie Ihrem Körper mit Wellness- und Kosmetikbehandlungen etwas Gutes tun. Probieren Sie Endermologie und Lipomassage – Sie werden anschließend um mindestens fünf Jahre jünger aussehen.
Mittelweg 30, Tel.: 040/44 50 60 44, www.hautkultur.de, Öffnungszeiten: Mo, Mi, Fr 10–19 Uhr, Di 8.30–19 Uhr, Do 10–22 Uhr, Sa 10–15 Uhr

ST. GEORG

Day Spa Hamburg
Im Day Spa des The George Hotels – oder im Gastwerk Hotel in Altona – schalten Sie perfekt vom Alltag ab. Sie haben die Wahl zwischen verschiedenen Massagen und Facials. Kuscheln Sie sich in einen Bademantel und lassen Sie sich verwöhnen.
The George Hotel, Barcastraße 3; außerdem Gastwerk Hotel, Beim Alten Gaswerk 3, Tel.: 040/28 00 30 18 14, www.dayspa-hamburg.de, Öffnungszeiten: nach Vereinbarung

Nivea Haus
Im Hamburger Nivea Haus lassen sich nicht nur alle erdenklichen Produkte der Kultmarke kaufen, es gibt auch Behandlungen von der Gesichts- und Haarpflege bis zur Maniküre und Massage.
Jungfernstieg 51, Tel.: 040/82 22-4740, www.nivea.de, Öffnungszeiten: Mo–Sa 10–20 Uhr

OTTENSEN

Bellapelle
In schönem, beruhigendem Ambiente kann man sich hier rundum verwöhnen lassen – von Mani- oder Pediküre über Gesichtsbehandlungen bis zu Massagen. Gönnen Sie sich eine Jetpeel-Behandlung, um Ihr Hautbild langfristig zu verbessern. Zweite Filiale in Eimsbüttel.
Ottenser Hauptstraße 19; außerdem Kaifu Lodge, Bundesstraße 107, Tel.: 040/39 90 39 62, www.bellapelle.de, Öffnungszeiten: Mo–Fr 8–20 Uhr, Sa 10–18 Uhr

Styling

EPPENDORF

The Beautery
Top!

Egal, ob ein besonderes Event ansteht oder Sie neuen Input für Ihr Alltags-Make-up suchen, bei Wendy sind Sie in guten Händen. In ihrer Beautery bietet sie Make-up, Mini-Maniküre und Hairstyling sowie AquaFit-Behandlungen an.
Eppendorfer Weg 285, Tel.: 040/48 09 26 20, www.beautery.de, Öffnungszeiten: Mo–Fr 10–19 Uhr, Sa 10–17 Uhr

WEITER AUF SEITE 168 →

Hanna Schumi

Art-Direktorin & Beauty-Bloggerin

Was sind die besten Beauty-Adressen in Hamburg?

Mein liebster Beautyshop ist mitten in der City: *Harald Lubner*. Dort findet man außergewöhnliche Nischendüfte, die mein Herz höherschlagen lassen. *Aesop* ist quasi gleich ums Eck. Die Treatments dort kann ich sehr empfehlen. Haare und Make-up lasse ich mir von Wendy in der *Beautery* machen. Für ein Beauty-Update aller großen Marken besuche ich gerne das *Alsterhaus*.

Wo lassen Sie sich verwöhnen?

Die beste Massage gibt es im *Day Spa* bei Delia im Gastwerk. Bei Facials vertraue ich den beiden Schwestern von *Hautkultur*, die ein ausgezeichnetes LPG-Treatment, aber auch viele andere schöne Anwendungen anbieten. Die beste Pediküre gibt es bei *Schönheit am Rothenbaum* – eine echte Geheimadresse in Hamburg.

Wo ist Ihr Lieblingsort in Hamburg?

Auf der Kennedybrücke. Egal, ob ich zu Fuß oder im Auto unterwegs bin: Das Alsterpanorama haut mich auch nach zehn Jahren Hamburg immer noch um. Besonders schön finde ich den Anblick, wenn im Sommer zig Segelschiffe auf dem Wasser treiben und man Schwäne zwischen den Booten zählen kann.

Was muss man in Hamburg unbedingt gesehen haben?

Die andere Seite. Wenn man zu Fuß durch den alten Elbtunnel geht, findet man eine Fläche, auf der man sitzen und sich Hamburg von der anderen Seite ansehen kann. Dort reihen sich Elbe, Hafen und Michel aneinander – ganz wie auf einer Postkarte. Ein toller Platz im Sommer, an dem man mit Bier und Picknickkorb einen tollen Abend haben kann.

www.foxycheeks.com

Harald Lubner – Große Bleichen 23, Innenstadt / *Aesop* – Poststraße 22, Innenstadt / *The Beautery* – Eppendorfer Weg 285, Eppendorf / *Alsterhaus* – Jungfernstieg 16–20, Innenstadt / *Day Spa* – Gastwerk Hotel, Beim Alten Gaswerk 3, Altona / *Hautkultur* – Mittelweg 30, Harvestehude / *Schönheit am Rothenbaum* – Rothenbaumchaussee 78, Rotherbaum

INNENSTADT

Brow Bar Beauty Lounge

In der Kosmetikabteilung des Alsterhauses kann man sich an der Brow Bar des Labels Benefit die Augenbrauen in Form bringen und färben lassen. Der Vorher-Nachher-Effekt ist enorm.
Alsterhaus, Jungfernstieg 16–20, www.benefitcosmetics.de, Öffnungszeiten: Mo–Sa 10–20 Uhr

NEUSTADT

Adam & Eve

Mani- und Pediküre, Wimpernverlängerung, Augenbrauenstyling, Waxing, Make-up, Gesichtspflege … – in Sachen Schönheit gibt es nichts, das Adam & Eve nicht kann. Filialen in der Innenstadt, in Eimsbüttel, Eppendorf und Winterhude.
Steinwegpassage 1–5; außerdem Lehmweg 53; Mühlenkamp 13; Osterstraße 157, Tel.: 040/21 00 88 33, www.adameve-hamburg.de, Öffnungszeiten: Mo–Fr 9–20 Uhr, Sa 10–19 Uhr

Stores

INNENSTADT

Aesop

Die Produktverpackungen dieses Kosmetiklabels aus Melbourne erinnern an alte Apothekenflaschen. Das Sortiment umfasst Produkte für Gesicht, Körper und Haare. Unbedingt die Seifen und Handcremes probieren!
Poststraße 22, Tel.: 040/34 99 36 36, www.aesop.com, Öffnungszeiten: Mo–Sa 10–19 Uhr

Alsterhaus Hamburg

In der Kosmetikabteilung des Alsterhauses sind alle großen Marken vertreten. Das New Yorker Label Kiehl's besitzt einen eigenen kleinen Store.
Jungfernstieg 16–20, Tel.: 040/35 90 10, www.alsterhaus.de, Öffnungszeiten: Mo–Sa 10–20 Uhr

Harald Lubner

Boutique für exklusive Düfte und Pflegeprodukte. Byredo, Dyptique, Etro, Escentric Molecules, Heeley, Schwarzlose und The Laundress gehören zu den vertretenen Marken. Die ideale Anlaufstelle für Duftliebhaberinnen, die nicht wie jede riechen möchten.
Große Bleichen 23, Tel.: 040/35 71 54 55, www.harald-lubner.de, Öffnungszeiten: Mo–Fr 10.30–19 Uhr, Sa 10.30–18 Uhr

Sahling Düfte

Egal, ob Sie ein Geschenk oder etwas Besonderes für sich selbst suchen – in diesem Store werden Sie fündig. Neben exklusiven Parfums gibt es auch Duftkerzen, Marvis Zahncreme und Kosmetikartikel.
Große Bleichen 36; außerdem Poststraße 2–4, Tel.: 040/35 01 53 12, www.sahling-duefte.com, Öffnungszeiten: Mo–Sa 10–19 Uhr

STERNSCHANZE

Mimulus

Auf Naturkosmetik spezialisierter Laden – unter anderem mit Dr. Hauschka, L'Occitane und Korres –, der auch Behandlungen anbietet.
Schanzenstraße 39a, Tel.: 040/430 80 37, www.mimulus-kosmetik.de, Öffnungszeiten: Mo–Fr 10–18.30 Uhr, Sa 10–15.30 Uhr

Joggen

Außenalster
Eine sehr schöne und beliebte Joggingstrecke, auf der man an den Wochenenden nicht nur Hamburger Prominenz, sondern auch viele Spaziergänger, Mütter mit Kinderwagen, Hunde und Radfahrer antrifft. Der Blick über die Alster ist so schön, dass man die Anstrengung glatt vergisst. Wer einmal herumläuft, hat 7,4 km zurückgelegt.

Elbufer
Startet man am Fischmarkt in Altona, führt die Strecke (nach ca. 2,5 km) am Museumshafen Övelgönne und an alten Kapitänshäuschen vorbei. Auf dem Wasser kann man die großen Containerschiffe bewundern, die vorbeifahren.

Planten un Blomen
Im zentral gelegenen Park Planten un Blomen können Joggingstrecken individuell gestaltet werden. Ein guter Ausgangspunkt ist zum Beispiel der Parkeingang am Fernsehturm, von wo aus man den Hauptweg entlanglaufen und nebenbei den Park besichtigen kann.

Make Up
glow out!

Wendy Verdin-Kohlmeier

Inhaberin Make-up-Bar *The Beautery*

Was ist Ihr Lieblingsplatz in Hamburg?
Die Speicherstadt. Ich finde sie magisch. Ich mag es auch super gerne, am Fischmarkt durchs *Stilwerk* zu bummeln oder einen ruhigen Spaziergang an der Elbe zu machen. Das ist Gold wert. Mein Hund liebt es auch.

Welches ist Ihr Lieblingsrestaurant in Hamburg?
Das *Café Paris* liebe ich wegen seiner tollen Atmosphäre. Dort verbringe ich gern Stunden mit Freunden. Ich liebe es vor allem in der Winterzeit, ich finde es so gemütlich und auch perfekt für ein Date mit meinem Mann. Diesen Sommer bin ich Fan vom *Hennys* geworden. Chic und lecker, plus eine schöne Terrasse.

Welcher ist der interessanteste Stadtteil Hamburgs?
Altona. Dort gibt es so vieles zu sehen und immer was Neues zu entdecken, schöne Restaurants und Cafés, und alles ist so bunt gemischt. Das Restaurant *Goldene Gans* gehört zu meinen Top Ten. Und natürlich Eppendorf! Hier kenne ich alle Ecken auswendig.

The Beautery – Eppendorfer Weg 285, Eppendorf / *Stilwerk* – Große Elbstraße 68, Altona / *Café Paris* – Rathausstraße 4, Innenstadt / *Hennys* – Hans-Henny-Jahnn-Weg 1, Winterhude / *Goldene Gans* – Rothestraße 70, Ottensen

GEZI PARK FICTION

Ausflüge & Erholung

IM JAPANISCHEN GARTEN TEE TRINKEN, SICH AN DEN STEGEN WIE IN SCHWEDEN FÜHLEN UND DIE BEINE INS WASSER BAUMELN LASSEN ODER DAS UMLAND MIT DEM RAD ERKUNDEN.

SELTEN STELLT SICH in Hamburg, der zweitgrößten Stadt Deutschlands, ein City-Overkill ein – dafür sorgen schon allein die vielen grünen Oasen und die Nähe zum Wasser. Nicht ohne Grund wird Hamburg oft als grüne Millionenstadt bezeichnet.

Mit dem Gerücht, dass Hamburg das ganze Jahr im Nieselregen ertrinkt, räumen wir vorab auf – denn Hamburg und München haben laut dem deutschen Wetterdienst gleich viele Regentage im Jahr, nämlich 133. Ha! Und irgendwie haben sie ja auch ihren eigenen Charme, diese ganz grauen Tage mit der steifen Brise, den peitschenden Wellen und dem Möwengeflatter – sonst hätte Hamburg schon längst eine ganze Handvoll Einwohner weniger.

Getreu dem alten Sprichwort „Es gibt kein schlechtes Wetter, es gibt nur falsche Kleidung!" zieht es die Hamburger nicht nur bei 25 Grad und Sonne nach draußen, sondern eben auch wenn die Wolken sich mal wieder ineinander verhaken. Neben den geliebten Elbe-, Hafen- und Alsterspots, denen wir uns in „Hamburg am Wasser" widmen, sorgen vor allem die vielen Parkanlagen für Entschleunigung.

Das Tolle: Für jeden ist ein Parktyp dabei. Die Botaniker werden in *Klein Flottbek* happy, die Ausblick-Liebhaber wandern auf dem Altonaer Balkon entlang, die Sportler joggen im Alsterpark, die Ponyfans besuchen das *Niendorfer Gehege,* die Elbe-Liebhaber flanieren im *Jenischpark,* die Waldfreunde machen einen Ausflug in den *Altonaer Volkspark,* Open-Air-Kino-Fans gehen in den *Schanzenpark,* und die jungen Hauptstädter lassen sich mit einem Astra oder einer Bio-Limo im *Gezi Park Fiction* nieder, der mit seinen stählernen Palmen, dem Blick auf die Elbe und der welligen Begrünung die wohl außergewöhnlichste Grünanlage Hamburgs ist. Zu den ganz großen Park-Playern gehört *Planten un Blomen* – ein blumiges Paradies mitten in der City. Hier kann man im japanischen Garten Tee trinken, sich an den Stegen wie in Schweden fühlen und die Beine ins Wasser baumeln lassen, im Kakteengarten Instagrambilder knipsen, eine Runde auf der Rollschuh- oder Eisbahn drehen oder sich einfach auf die Picknickdecke mit Blick auf den Fernsehturm fallen lassen. Der Place-to-be für Romantiker sind von Mai bis September die allabendlichen Wasserlichtspiele am Parksee.

Wer seinen Parkbesuch mit einer Bootstour oder einer Runde im Naturbad verbinden möchte, ist im *Stadtpark* am besten aufgehoben.

ELBKANTINCHEN

Hier kann man auch großen Open-Air-Konzerten lauschen, das Planetarium besuchen, das ab 2017 wieder seine Pforten öffnet, oder auf der riesengroßen Liegewiese grillen.

Wanderer und Märchenwald-Fans steigen am besten in die S-Bahn. Hier führen zwei Wege zum Ziel – entweder düst man Richtung Westen mit der S1 nach Rissen (ca. 60 Minuten) zum *Klövensteen*, oder man fährt mit der S21 in östliche Richtung bis nach Aumühle (ca. 40 Minuten) und spaziert durch den *Sachsenwald*.

Eines der beliebtesten Ausflugsziele im Mai ist das *Alte Land*, das auf der anderen Elbseite liegt – hier stehen dann Hunderttausende Apfel- und Kirschbäume in voller Blüte. Das weiße Blütenmeer im Mix mit den Obstplantagen und Reetdachhäusern zieht mittlerweile nicht mehr nur Rentner und Sonntagsfahrer an, sondern lockt immer stärker das jüngere Publikum an, das Obst lokal kauft und am Wochenende die Ruhe sucht. Besonders schön ist es im *Obstparadies Schuback* in Jork. Hier kann man sich den vorbestellten Picknickkorb abholen und mit den Köstlichkeiten ein Plätzchen im idyllischen Obsthof suchen. Wer dann noch Zeit hat, fährt mit dem Auto knapp 20 Minuten in Richtung Cuxhaven und macht in der hübschen Fachwerkaltstadt von *Stade* halt. Ganz entspannt kann man in der über 1000 Jahre alten Hansestadt durch die historischen Gassen schlendern und am malerischen Fischmarkt Kaffee trinken und Pfannkuchen essen.

Möchte man das Umland auf zwei Rädern entdecken, empfiehlt sich der Elberadweg, der insgesamt 1260 Kilometer misst. Eine schöne Route (46 km) führt zum Beispiel von Hamburg über Ochsenwerder bis in die alte Schifferstadt Lauenburg, immer an der Elbe entlang. Unterwegs sollte man unbedingt einen Stopp beim modernen Freiluftlokal *Elbkantinchen* bei Geesthacht machen und sich mit einem selbst gemachten Kuchen belohnen.

Wer der Natur lieber den Rücken kehrt, kommt auch im Stadtkern auf seine Kosten. Die Top 3 auf der City-Ausflugsliste: Riesenrad auf dem *Dom* fahren, Elefanten im *Hagenbeck Tierpark* füttern und beim Pferderennen auf der *Trabrennbahn* mitfiebern.

Was die Küstennähe angeht, ist Hamburg den anderen deutschen Großstädten einige Schiffslängen voraus. *St. Peter-Ording* an der Nordsee, etwa eineinhalb Autostunden entfernt, ist längst zum Kitesurfer-Hotspot für die Hanseaten geworden, und auch Designhotels wie die Zweite Heimat und das Beach Motel machen es zum beliebten „Spa meets Spaziergänge“-Ausflug. Wer es noch eine Spur luxuriöser mag, quartiert sich an der Ostseeküste im Luxuspalast *Grand Hotel Heiligendamm* ein. Und wer es entspannt liebt, macht es sich mit einem Buch in einem der vielen Strandkörbe am feinsandigen *Timmendorfer Strand* gemütlich.

Ob Stadtkern oder Umgebung – langweilig wird es in Hamburg nie, Seemanns-Ehrenwort! — KATHARINA CHARPIAN

PARKS & GRÜNANLAGEN

ALTONA

Wohlers Park

Eine kleine Oase in der Großstadt ist der Wohlers Park, der zwischen St. Pauli und Altona liegt. Der ehemalige Begräbnisplatz bietet viele versteckte Grünflächen zum Erholen, eine alte Allee zum Spazieren und ein Rondell und kleinere Wege zum Entdecken.

Wohlers Park, Norderreihe

BAHRENFELD

Altonaer Volkspark

Der Altonaer Volkspark in Bahrenfeld ist Hamburgs größter öffentlicher Park. Hier trifft ein großflächiger Wald mit steilen Hügeln, Schluchten und Aussichtspunkten auf eine große Liegewiese und wunderschöne Dahlien- und Rosengärten. Kuchen, Kaffee oder Currywurst bekommt man in Klempau's Biergarten (August-Kirch-Straße 55), oder man kehrt stilecht im niedersächsischen Bauernhaus (Nansenstraße 82) ein. Nebenan befindet sich ein Minigolfplatz (www.minigolf-brandt.de).

Volkspark, www.hamburger-volkspark.de, Anfahrt: vom S-Bahnhof Stellingen mit der Buslinie 22 Richtung Blankenese zum Hellgrundweg. Vom S-Bahnhof Eidelstedt kann man den Weg zum Hamburger Volkspark in ca. acht Minuten zurücklegen.

INNENSTADT

Top!

Planten un Blomen

Planten un Blomen, plattdeutsch für „Pflanzen und Blumen", macht seinem Namen mit den prachtvollen Beeten alle Ehre. Die 47 Hektar große Parkanlage liegt im Zentrum, zwischen dem Congress Center Hamburg (CCH) und dem Millerntor. Der Park beherbergt verschiedene Themengärten, vom japanischen Landschaftsgarten bis zum alten botanischen Garten. Viele Liegewiesen und kleine Stege mit Sitzmöbeln laden zum Relaxen ein – fast immer mit Blick auf den Hamburger Fernsehturm. Actionfreunde können im Winter ihre Runden auf der Open-Air-Eisbahn, der INDOO Eisarena, drehen. Im Sommer ist die Fläche für Rollschuhfahrer und Skater geöffnet. Romantiker daten sich bei den Wasserlichtkonzerten am Parksee, die allabendlich von Mai bis September stattfinden.

Planten un Blomen, Jungiusstraße 1, www.plantenunblomen.hamburg.de

NIENDORF

Niendorfer Gehege

Hier kommen Hobbyförster und Ponyfans voll auf ihre Kosten. Das Niendorfer Gehege ist ein Freizeit- und Erholungsgebiet mit rund 15 Kilometern Wanderwegen, die zum Spazieren, Joggen und Radfahren einladen. Kinder können mit einem Pony die Umgebung erkunden (Ponyhof Waldschänke, Babenwischenweg 28), die Vierbeiner werden auf der Hundefreilaufwiese happy, und alle anderen können zum Beispiel die Rehe und Hirsche im Damwildgehege beobachten. Das urige und begrünte Waldcafé Corell (Niendorfer Gehege 50) bietet sich für eine kleine Stärkung an.

Niendorfer Gehege, Anfahrt: U2 bis Niendorf Markt oder Buslinie 181 bis Niendorfer Gehege

OHLSDORF

Ohlsdorfer Friedhof

Der Ohlsdorfer Friedhof im Norden Hamburgs ist mit einer Fläche von fast 400 Hektar der größte Parkfriedhof der Welt und ein romantischer Landschaftsgarten noch dazu. Geschwungene Wege, Hügel, Teiche, 45 Laub- und Nadelholz-

arten, viele Rhododendren und historisch und künstlerisch wertvolle Grabmale laden zu langen Spaziergängen und Erkundungstouren ein.
Ohlsdorfer Friedhof, Fuhlsbüttler Straße 756, Anfahrt: S 11, S1 oder U1 bis Ohlsdorf, der Haupteingang Fuhlsbüttler Straße liegt drei Gehminuten vom Bahnhof Ohlsdorf entfernt.

OTHMARSCHEN

Jenischpark

Der wohl herrschaftlichste Park Hamburgs ist der Jenischpark mit Elbblick. Der Landschaftspark steht unter Denkmalschutz und beherbergt neben altem Baumbestand und unter Naturschutz stehenden Wiesen auch das Kunstforum Ernst-Barlach-Haus mit wechselnden Ausstellungen und das klassizistische Jenisch-Haus, in dem schon Kaiser Wilhelm II. empfangen wurde und Ausstellungen stattfinden. Kaffee und Kuchen kann man im hauseigenen Museumscafé zu sich nehmen oder ein paar Schritte weiter etwas unkonventioneller auf der Terrasse von Ralphs Kiosk (Baron-Voght-Straße 50a) Platz nehmen.
Jenischpark, www.jenischparkverein.de, Anfahrt: ab Landungsbrücken mit der Fähre (Linie 63) nach Finkenwerder, von dort die Anschluss-Linie 64 nach Teufelsbrück oder S1 oder S11 bis Klein Flottbek (Botanischer Garten), weiter mit Buslinie 15 oder 10 Minuten gehen

STERNSCHANZE

Schanzenpark

Besonders im Sommer ist der Schanzenpark sehr beliebt und belebt. Hier wird gegrillt, Open-Air-Kino geguckt, Boule gespielt und auf dem Abenteuerspielplatz getobt. In den kälteren Monaten bietet sich die Grünanlage perfekt für einen kleinen Spaziergang nach einem Schanzenbesuch an – eine große Hundefreilaufzone gibt es auch. In der Mitte des Parks befindet sich der sechzig Meter hohe Schanzenturm – der ehemalige Wasserturm beherbergt jetzt das Mövenpick Hotel.
Schanzenpark, Anfahrt: U3, S21 oder S31 bis Haltestelle Sternschanze

ST. PAULI

Gezi Park Fiction

Top!

Es gibt kaum einen besseren Ort als den Gezi Park Fiction, um seine Lieblings-Limo an einem lauen Sommerabend im Freien zu genießen. Hier treffen stählerne Palmen auf eine wellige Wiese, den „fliegenden

Teppich", und einen atemberaubenden Blick auf Hamburgs Hafenkräne am Horizont. Nach Sonnenuntergang kann im angrenzenden Golden Pudel Club getanzt werden. Zur Entstehung: Dort, wo sich heute der Park befindet, sollten eigentlich Büro- und Wohngebäude gebaut werden. Anwohner setzten sich für die Grünfläche ein, reichten Mitte der Neunzigerjahre Ideen ein und setzten das heutige Konzept gemeinsam mit Künstlern um.
Gezi Park Fiction, St. Pauli Fischmarkt 27, Anfahrt: U3 bis Landungsbrücken, S1, S2, S3 bis Landungsbrücken oder Reeperbahn oder Buslinie 112 bis Haltestelle Hafentreppe

TROPENGEWÄCHSHAUS PLANTEN UN BLOMEN

WINTERHUDE

Stadtpark
Kein anderer Park in Hamburg bietet so viel Abwechslung und Freizeitangebote wie der Stadtpark. Bei der Freilichtbühne kann Konzerten gelauscht werden, der Stadtparksee lädt zum Stand-up Paddling und Bootfahren ein, im Naturbad und großen Planschbecken für die Kids kann man sich abkühlen, auf der riesengroßen Liegewiese picknicken oder grillen, Minigolf spielen, das Planetarium besuchen (ab 2017 wieder geöffnet), durch die Rosengärten spazieren oder im Café Sommerterrassen (Südring 44) haltmachen, das direkt am Ufer des Goldbekkanals liegt.
Stadtpark, Anfahrt: U3 bis Borgweg oder Saarlandstraße

Für Botaniker

Der Botanische Garten der Universität Hamburg, heute Loki-Schmidt-Garten genannt, ist an zwei Standorten zu Hause: in den Tropenhäusern in Planten un Blomen und im Freigelände in Klein Flottbek.

Tropengewächshäuser in Planten un Blomen
Ein Paradies für Botaniker und alle, die es werden wollen – die gläsernen Tropengewächshäuser in Planten und Blomen wurden in den Sechzigerjahren erbaut und sind in ein Tropenhaus, Subtropenhaus, Palmfarnhaus, Farnhaus und den wunderschönen Kakteen- und Sukkulentengarten aufgeteilt. Der Eintritt ist kostenlos!
Planten un Blomen Schaugewächshäuser, Marseiller Straße 7

Botanischer Garten Klein Flottbek
Einen Frühlings- oder Sommertag kann man kaum schöner als im riesigen Freigelände in Klein Flottbek verbringen. Von Tulpenbäumen bis zu Kakaofrüchten, vom Rosen- bis zum Wüstengarten – hier blühen Pflanzen aus aller Welt um die Wette. Im Sommerhalbjahr bietet sich das Café Palme für eine Erfrischung an.
Botanischer Garten Klein Flottbek, Ohnhorststraße, Anfahrt: S1 bis Klein Flottbek

Schlemmen im Grünen

Altes Land

Obstbäume, so weit das Auge reicht – das Alte Land, südlich der Elbe gelegen, ist das größte geschlossene Obstanbaugebiet Deutschlands. Im Mai stehen hier Hunderttausende Apfel- und Kirschbäume in voller Blüte. Unser Tipp: Im Obstparadies Schuback haltmachen, vorbestellten Picknickkorb (gibt es auch vegan oder vegetarisch) abholen und mit den Köstlichkeiten im Bollerwagen ein Plätzchen im idyllischen Obsthof suchen. Vorab reservieren!
Westerjork 81, 21635 Jork, Tel.: 04162/370, www.obstparadies-jork.de

Elbkantinchen

Zwischen Geesthacht und Lauenburg liegt das Café Elbkantinchen, etwa 35 Autominuten von Hamburg entfernt. Die Journalistin und Ernährungswissenschaftlerin Wiebke Schürmann und ihr Freund Roger Willke verwandelten einen alten Kiosk in ein hübsches Freiluftlokal mit Elbblick. Auf der Speisekarte stehen selbst gemachte Kuchen und hausgemachte Gerichte – Zutaten und Getränke stammen fast alle aus der Umgebung.
Strandweg 1, 21502 Geesthacht, Tel.: 0171/971 86 86, www.elbkantinchen.de

WEITER AUF SEITE 184 →

DER HAMBURGER DOM

Von der wilden Maus über das Kettenkarussell bis hin zum größten Riesenrad der Welt – der Hamburger Dom ist ein Spaß-Paradies mitten in der Stadt. Das größte Volksfest Norddeutschlands findet auf dem etwa 160.000 Quadratmeter großen Heiligengeistfeld in St. Pauli statt, und das gleich dreimal im Jahr: der Frühlingsdom, von Mitte März bis Mitte April,

der Sommerdom, auch Hummelfest genannt, von Ende Juli bis Ende August und der Winterdom von Anfang November bis Anfang Dezember. Zu den wechselnden Fahrgeschäften gesellen sich zahlreiche Losbuden und Spielgeschäfte. Und auch kulinarisch ist Kindergeburtstags-Feeling angesagt: Crêpes, Maiskolben, Lebkuchenherzen mit „Meine Perle"-Schriftzug, Schmalzkuchen und Salmi-Lollis werden in den bunt bemalten Buden verkauft. Tipp: Wer es besonders kitschig mag, schaut sich freitags um 22.30 Uhr das Feuerwerk an – zehn Minuten kunterbuntes Silvester-Feeling sind garantiert. Seinen Ursprung hat der Dom im 11. Jahrhundert; auf dem Heiligengeistfeld findet er seit über 120 Jahren statt. Mittlerweile pilgern deutlich über 10 Millionen Menschen im Jahr über den Markt, der seinen Charme dennoch nicht verloren hat und auch für viele erwachsene Hamburger zu den liebsten Spiel- und Spaßplätzen der City zählt.
www.hamburg-dom-aktuell.de

Loni Baur

Make-up Artist

Was sind die besten Beauty-Adressen in Hamburg?

Für schöne Füße gehe ich zu Anke Spreeberg von *Spreeberg* in Eppendorf. Anke ist fachlich die Beste in Hamburg, und in ihrem Nagelstudio herrscht eine herzliche Atmosphäre. Wenn ich mich mal richtig belohnen möchte, buche ich mir eine „Face de luxe"-Behandlung im *Day Spa*. Es ist das reinste Verwöhnprogramm. Meine Haare lasse ich ausschließlich von Janina Rodriguez von *Triohair* schneiden. Der Salon in der Ferdinandstraße 47 ist nicht besonders auffällig, aber seine Chefin schneidet Haare wie eine Göttin und macht zudem auch die beste Farbe.

Was macht den Hamburger Stil aus?

Der Hamburger Stil ist zurückhaltend elegant. Ich finde die Hamburger Frau manchmal vielleicht ein bisschen „zugeknöpft", aber diese subtile Art des Sexappeals kann auch etwas sehr Bewundernswertes haben. Manchmal würde ich mir dennoch etwas mehr Individualität wünschen. In Eppendorf sehen wirklich viele Frauen gleich angezogen aus.

Wo in Hamburg schalten Sie gerne ab?

Ich gehe sehr gerne an der Alster joggen. Allerdings muss man früh unterwegs sein, damit es nicht zu voll ist. Ich kann aber auch stundenlang auf dem Isemarkt herumschlendern und meine Wochenendeinkäufe machen. Es gibt so viele tolle Stände. Bei Regenwetter treffe ich mich gerne mal im *Café Paris*. Dort kann man schön frühstücken. Wenn ich es etwas gemütlicher möchte, schlemme ich den leckeren Blechkuchen im *Petit Café* in der Hegestraße.

Wenn Sie mal raus aus Hamburg müssen, wohin machen Sie einen Ausflug im Umland?

Ich liebe den Schmetterlingspark in Aumühle, den *Garten der Schmetterlinge* am Rande des Sachsenwaldes. Es gibt dort zauber-

hafte Rosenarten, und der asiatische Klanggarten hat eine fast spirituelle Wirkung auf mich. Alle Sinne werden angeregt. Ein Ausflug lohnt sich besonders im Sommer. Zum Baden gehe ich an heißen Tagen gerne zum *Tonteich* in Wohltorf. Die fast nostalgische Badeanlage ist ein wirklicher Geheimtipp direkt am Sachsenwald gelegen.

Spreeberg – Eppendorfer Baum 39, Eppendorf / *Day Spa* – The George Hotel, Barcastraße 3, St. Georg / *Triohair* – Ferdinandstraße 47, St. Georg / *Café Paris* – Rathausstraße 4, Innenstadt / *Petit Café* – Hegestraße 29, Eppendorf / *Garten der Schmetterlinge* – Am Schlossteich 8, Friedrichsruh / *Sachsenwald Tonteichbad* – Am Tonteich 35, Wohltorf

Ausflüge in der Stadt

Hagenbeck Tierpark

Von Kängurus über Pinguine bis hin zu einer der größten Elefantenherden Europas – knapp 2000 Tiere leben im Hagenbeck Tierpark in Stellingen, der in sechster Generation familiengeführt wird. Unbedingt auch einen Blick in das Tropen-Aquarium werfen!

Lokstedter Grenzstraße 2, Anfahrt: U2 bis Hagenbeck Tierpark

HAGENBECK TIERPARK

Trabrennbahn Bahrenfeld

Wenn der Startschuss für die Pferde und Sulkyfahrer auf der Trabrennbahn in Bahrenfeld gefallen ist, gibt es im Publikum kein Halten mehr. Ob nur die Stimmung miterleben, den Lieblingshut ausführen, die Zuschauer beobachten oder eine Wette abgeben – vorbeischauen lohnt sich!

www.trabhamburg.de, Luruper Chaussee 30, Anfahrt: S11 oder S31 bis Holstenstraße, dann Buslinie 3 bis Bahrenfeld, Trabrennbahn

Tagesausflüge

Boberger Dünen

Strandfeeling mitten in der Heide gibt es bei Hamburgs letzter Wanderdüne. Das unter Naturschutz stehende Areal kann man perfekt bei einer kleinen Wanderung, am besten barfuß, erkunden.

Boberger Furt 50, Anfahrt: S21 bis Mittlerer Landweg und dann mit der Buslinie 221 bis Boberger Furtweg

Heide Park Soltau

Inmitten einer 850.000 Quadratmeter großen Parklandschaft in der Lüneburger Heide liegt Norddeutschlands größter Freizeitpark, der Heide Park Soltau. Über 40 Fahrgeschäfte, von der Wildwasserbahn bis zur Holzachterbahn, vom Kinderkarussell bis zum Freifallturm, sorgen für Nervenkitzel und Glücksmomente.

Heide Park 1, 29614 Soltau, Tel.: 01806/91 91 01, www.heide-park.de, Öffnungszeiten: März–Oktober, Anfahrt: mit dem Metronom bis Wolterdingen (Han)

Klövensteen

Natur pur findet man ganz im Westen von Hamburg, im Naherholungsgebiet Klövensteen. 580 Hektar misst der Forst heute und erstreckt sich über die Stadtteile Sülldorf und Rissen bis nach Schleswig-Holstein. Wanderer, Radfahrer, Jogger und Spaziergänger kommen hier voll auf ihre Kosten.

Anfahrt: S1 bis Rissen

Sachsenwald

Auf der Suche nach einem Märchenwald? Dann ab in den Sachsenwald, dem größten Waldgebiet Schleswig-Holsteins, westlich von Hamburg. Sechs ausgeschilderte Wanderwege führen durch den abwechslungsreichen Forst. Ein besonderes Highlight: der Schmetterlingsgarten (Am Schlossteich 8), ein Gewächshaus mit frei fliegenden Faltern aus Südamerika, Afrika und Asien.

www.sachsenwald.de, Anfahrt: Ausgangspunkt für die Wanderungen ist der Bahnhof in Aumühle (S21 ab Hbf.).

HEIDE PARK SOLTAU

Stade
Einen Ausflug ins Alte Land kann man perfekt mit einem Besuch in der charmanten Altstadt der Hansestadt Stade in Niedersachsen, die über 1000 Jahre alt ist (etwa 45 Kilometer von Hamburg entfernt), verbinden. Einfach durch die historischen Gassen schlendern und Stopps beim Fischmarkt, Pferdemarkt und am Hafen einlegen. Hübscher Café-Spot: das Goebencafé (Wasser West 21).
www.stade-tourismus.de, Anfahrt: ab Hbf. mit der S3 Richtung Stade oder mit dem Metronom Richtung Cuxhaven

Wildpark Schwarze Berge
Elche, Otter, Bären – der Wildpark Schwarze Berge im Süden Hamburgs ist genau das Richtige für alle Tierfreunde. Besonders nah kommt man den Tieren im Freigehege, im Streichelzoo und bei den Futtertouren beim Wolfsrudel.
Am Wildpark 1, 21224 Rosengarten, Tel.: 040/819 77 47-0, www.wildpark-schwarze-berge.de, Öffnungszeiten: April–Oktober 8–18 Uhr, November–März 9–17 Uhr, Anfahrt: mit der S3 bis Harburg, danach mit dem HVV-Bus 340 bis vor die Tür

Erholung an der Küste

Grand Hotel Heiligendamm
Luxus pur kann im Fünf-Sterne-Grandhotel Heiligendamm an der Ostseeküste genossen werden. Etwa zwei Autostunden liegt Heiligendamm, der älteste Seebadeort Deutschlands, von Hamburg entfernt. Der große Spa-Bereich des schneeweißen Hotels mit Hamam, Saunen und Pool kann auch unabhängig von einer Übernachtung als Day Spa besucht werden (ca. 39 Euro pro Tag). Happy relaxing!
Prof.-Dr.-Vogel-Straße 6, 18209 Bad Doberan-Heiligendamm, Tel.: 038203/740-0, www.grandhotel-heiligendamm.de

GRAND HOTEL HEILIGENDAMM

St. Peter-Ording

Top!

Ein zwölf Kilometer langer und bis zu zwei Kilometer breiter Strand, Häuser auf Pfählen, Dünenlandschaft und fast immer eine steife Brise, die Kite- und Windsurfer für sich nutzen. St. Peter-Ording, kurz SPO, zählt zu den beliebtesten Erholungs-Hotspots an der Nordseeküste und ist nur eineinhalb Stunden Autofahrt von Hamburg entfernt. Auch Designhotels sind hier zu Hause: das Premium-Strandhotel Zweite Heimat, nordisch und teilweise mit Saunen auf den Zimmern, und das jüngere Beach Motel im lässigen Surfer-Stil.
Tipp: Unbedingt nach einem Spaziergang Waffeln in der Strandbar 54 Nord (Strandweg 999) mit Wellenblick genießen.
Hotels: www.hotel-zweiteheimat.de und www.beachmotel-spo.de

Timmendorfer Strand

Südsee-Feeling in Norddeutschland? Das löst der Timmendorfer Strand an der Ostseeküste auf jeden Fall aus – türkisblaues Meer trifft hier auf einen sieben Kilometer langen feinsandigen Strand und Tausende Strandkörbe. Unser Hoteltipp: das neue Lifestyle-Hotel SeeHuus mit Spa und Meerblick.
SeeHuus Hotel: Strandstraße 69,
23669 Timmendorfer Strand

Fahrradverleih

Das Tolle: In Hamburg kann man viele Hotspots und Viertel ganz entspannt mit dem Fahrrad erkunden, ohne dabei etliche Kilometer zurücklegen zu müssen. Möchte man das Umland auf zwei Rädern entdecken, empfiehlt sich der Elberadweg, der insgesamt 1260 Kilometer misst.

StadtRad

Flexibel in der City Rad fahren, das geht am besten mit dem StadtRad, das man an vielen Leihstationen im gesamten Stadtgebiet leihen und wieder abgeben kann. Die ersten 30 Minuten sind immer kostenlos.
www.stadtrad.hamburg.de

Zweiradperle

Vom mintfarbenen Hollandrad bis zum schnittigen Rennrad – die Zweiradperle liegt in der Innenstadt und verleiht Fahrräder stunden-, tage- und wochenweise. Zusätzlich werden auch Radtouren angeboten, von der „Wilhelmsburg Tour" bis zur „Highlights von Hamburg"-Tour.
Altstädter Straße 3–7,
Tel.: 040/30 37 34 74,
www.zweiradperle.hamburg,
Öffnungszeiten: Di–Fr 11–18 Uhr,
Sa 11–15 Uhr

WEITER AUF SEITE 192 →

BEACH MOTEL

Melanie-Jasmin Jeske

Public Relation Consultant

Mein Herz schlägt für Hamburg, weil …

… diese Stadt wie ein Hafendampfer ist: Sie schaukelt gemütlich vor sich hin, verbreitet ein bisschen das Gefühl von Freiheit und Abenteuer, ohne aufdringlich zu sein und hat immer eine frischen Brise um die Nasenspitze.

Ihre drei Lieblingsspots am Wasser?

Ich mag den *Gezi Park Fiction* sehr – von den in grünen Hügeln und Wellen angelegten Wiesen des Parks hat man einen herrlichen Blick auf die Docks gegenüber. Favorit Nr. 2 ist das *Café Entenwerder1,* ein schwimmender Ponton in der Norderelbe. Besonders schön ist die Anfahrt mit dem Fahrrad über den Elberadweg. Einen einmaligen Blick auf den Sonnenuntergang hat man beim *Dockland,* das eigentlich ein modernes Bürogebäude ist und direkt an der Elbe hinter dem Fischereihafen in Altona liegt.

Ihr Lieblings-Ausflugsziel im Umland von Hamburg?

Mit meinem Sohn fahre ich am liebsten in den *Wildpark Schwarze Berge,* der in eine fantastische Parklandschaft mit Seen und dichten Wäldern eingebettet ist. Er ist nicht nur für Kinder ein traumhaftes Ausflugsziel.

Wie sieht ein perfekter Sonntag für Sie aus?

Der beginnt für mich mit einer Joggingrunde im Planten un Blomen. Ich gehe mit Freunden bei *Hej Papa* frühstücken, schaue mir eine Ausstellung an, zum Beispiel in der *Affenfaust Galerie,* drehe im Winter eine Runde in der *INDOO Eisarena* bei Planten un Blomen oder lege mich im Sommer in den malerischen Park. Am Abend beobachte ich mit Freunden die schönen Sommer-Sonnenuntergänge der Hansestadt auf meinem Rooftop.

Was muss man als Hamburg-Besucherin unbedingt gemacht haben?

Ich empfehle einen Ausflug mit der HVV-Fähre flussabwärts nach Finkenwerder und von dort mit der Fähre rüber bis zum Elbanleger Teufelsbrück. Von dort führt ein wunderbarer Weg direkt an der Elbe entlang bis zurück zu den Landungsbrücken.

Gezi Park Fiction – St. Pauli Fischmarkt 27, St. Pauli / *Café Entenwerder1* – Rothenburgsort / *Dockland* – Van-der-Smissen-Straße 9, Altona / *Wildpark Schwarze Berge* – Am Wildpark 1, 21224 Rosengarten / *Hej Papa* – Poolstraße 32, Neustadt / *Affenfaust Galerie* – Paul-Roosen-Straße 43, St. Pauli / *INDOO Eisarena* – Holstenwall 30, Neustadt

HAMBURG AM WASSER

Hamburg ohne Wasser ergibt keinen Sinn. Denkt man an Hamburg, spürt man sofort eine steife Brise im Gesicht, sieht vorm inneren Auge die Möwen über der grauen Elbe kreisen oder Boote mit weißen Segeln über die von Weiden gesäumte Alster schippern, im Schlepptau die eleganten Alsterschwäne. Wer also eine Wasserphobie hat, sollte die Hansestadt gar nicht erst besuchen – am kühlen Nass kommt man hier nicht vorbei, und damit ist nicht der häufige Regen gemeint.

Hamburg am Wasser kann ganz unterschiedlich sein: Vom rauen Freihafen-Flair über beschauliche Alsterkanäle und Future-Chic in der Hafencity bis zur großen Weite der Elbe ab den Landungsbrücken ist für jeden Geschmack etwas dabei.

ENTENWERDER1

WILHELMSBURGER INSELPARK

Ob Alster oder Elbe, daran scheiden sich übrigens mitunter die Geister, selbstverständlich hat beides seinen Charme. Ein kühles Bier schmeckt in der *Strandperle* genauso gut wie auf *Bodo's Bootssteg*, flanieren kann man entweder im *Museumshafen Övelgönne* oder an der *Binnenalster*, und eine Fahrt mit den *Hafenfähren* macht mindestens genauso viel Spaß wie eine Runde Stand-up Paddling in den Alsterkanälen. Chic, entspannt, vornehm oder derb – man findet alles an beiden Orten.

Ganz neue Perspektiven bietet das Gebiet südlich der Elbe rund um Rothenburgsort, Billwerder, der Veddel und Wilhelmsburg. Quartiere, in denen herbe Industrie-Atmosphäre auf viel Grün, charmante Deiche und versteckte Kanäle trifft. Hierhin gelangt man über die Elbbrücken oder durch den Alten Elbtunnel – im Sommer am liebsten mit dem Rad. Dann gönnt man sich in dem neuen rosafarbenen Container-Café *Entenwerder1* auf dem Ponton am *Elbpark Entenwerder* eine hausgemachte Limonade, bevor man zum Baden an die *Dove Elbe* fährt – der wohl entspannteste Sommer-Hotspot Hamburgs – oder den lauschigen *Wilhelmsburger Inselpark* mit dem Kanu erkundet.

Aber auch im Winter hat Hamburgs Wasserseite seinen Charme, jetzt ist die Zeit für dick eingemummelte Spaziergänge am *Falkensteiner Ufer* oder um die Alster – ist diese zugefroren, kann man gleich ein Paar Schlittschuhe mitnehmen. Sturmfluten sind in Hamburg keine Seltenheit, den peitschenden Regen muss man mögen. Und das ständige leichte Nieseln? Das ist gut für den Teint! — LISA VAN HOUTEM

MUSEUMSHAFEN ÖVELGÖNNE

Die schönsten Plätze an der Elbe

Wilhelmsburger Inselpark

Ein grünes Zentrum für die Insel: Seit dem Ende der Internationalen Gartenschau (igs) im Oktober 2013 ist das ehemalige Gartenschau-Gelände als Wilhelmsburger Inselpark für die Öffentlichkeit geöffnet – mit lauschigen Plätzen, wunderschönen Gärten und neuen Cafés auf einhundert Hektar. Über den Gertrud-von-Thaden-Platz betritt man die grüne Insel, auf der einem sofort das Herz aufgeht. Hier kann man entspannt auf den Liegewiesen grillen, mit Kindern die Spiel- und Sportflächen auskundschaften, den Hochseilgarten besuchen oder in der kunterbunten Willi Villa ein Stück Kuchen essen, bevor man sich im dazugehörigen Bootsverleih ein Kanu mietet und die Kanäle erkundet.
Am Inselpark, S-Bahn-Station Wilhelmsburg

ENTENWERDER1

Wasserpark Dove Elbe

Sie gilt als Geheimtipp, dabei ist sie so lang und hat so viele wunderschöne Anlegerplätze, dass man ihr ruhig zu etwas mehr Ruhm verhelfen darf. Die Dove Elbe ist ein 18 Kilometer langer Nebenarm der Elbe, der durch die Vierlande verläuft. Entspannter als auf einem der vielen Stege kann man im Sommer kaum abhängen. Das Beste: Die Dove Elbe ist mit öffentlichen Verkehrsmitteln zu erreichen – oder mit dem Fahrrad auf dem neuen Radweg hinter den Deichtorhallen über den Elbpark Entenwerder.
S-Bahn-Station Mittlerer Landweg, dann weiter mit dem Rad bis Allermöher Deich

Entenwerder1 im Elbpark Entenwerder

Top!

Viele Hamburger kennen den Elbpark Entenwerder von unzähligen Open Airs, die in den letzten Jahren auf der riesigen Grünfläche stattgefunden haben. Aber auch ohne Bass ist der Park einen Ausflug wert, hier hat man einen grandiosen Blick auf den Hafen, die Skyline der Innenstadt und die Elbbrücken. Und seit Sommer 2015 hat hier ein kulinarisches Kleinod seinen Sitz – das Café Entenwerder1, gebaut von der Familie Friese, Inhaber der Thomas-i-Punkt-Stores und des Labels Omen. Auf dem Ponton kann man hausgemachte Limonade, Kaffee der Public Coffee Roasters und Merguez oder ein leckeres Risotto unter Sonnensegeln genießen – mit Blick auf den goldenen Pavillon.
Mit der Buslinie 3 bis Billhorner Brückenstraße, www.facebook.com/entenwerder1

Stintfang

Weinanbau in Hamburg? Was absurd klingt, ist am Stintfang wahr geworden. Oberhalb der Landungsbrücken, auf dem östlichen Teil des Geesthanges, befindet sich die Anhöhe, deren Name sich vom Fisch Stint ableitet, der hier früher gefangen wurde. Seit 1995 ist hier ein kleiner Weinberg zu

Hause, die angepflanzten Reben sind ein Geschenk des Stuttgarter Weindorfs. Jährlich werden 40 bis 50 Flaschen der Hamburg Stintfang Cuvée erzeugt, die an Ehrengäste der Stadt vergeben werden. Von den Terrassen am Hang des Stintfangs hat man einen weiten Blick über den Hafen.
S- und U-Bahn-Station Landungsbrücken

Strand Pauli

Beach Clubs in Hamburg – die einen lieben sie, die anderen machen einen großen Bogen darum. Worauf sich aber (fast) alle Hamburger einigen können, ist Strand Pauli. Hier macht man es sich im Sommer auf einer Liege gemütlich oder legt sich direkt in den warmen Sand. Man sieht die Elbe vorbeifließen, lässt sich die Sonne ins Gesicht scheinen und genießt einen der feinen Cocktails.
St. Pauli-Hafenstraße 89

Altonaer Balkon

Einer der entspanntesten Plätze an der Elbe ist der Altonaer Balkon, ein Grünzug, der sich von Altona über Neumühlen nach Westen erstreckt und am westlichen Ende der Palmaille gegenüber dem Altonaer Rathaus liegt. Hier genießt man einen Hamburger Sommertag mit Blick über den Hamburger Hafen und den Köhlbrand.
Palmaille 75

Museumshafen Övelgönne

Hübsche Museums- und Traditionsschiffe liegen im Museumshafen Övelgönne, der sich im Südteil von Othmarschen befindet. Am schönsten erreicht man ihn mit der HADAG-Fähre Linie 62. Steigt man an der Station Neumühlen aus, fällt als Erstes das kleine historische Wartehäuschen Döns auf. Von da schlendert man durch den kleinen Hafen und schaut sich die Schiffe an. Der Museumshafen wird von einem privaten Verein betrieben, der Schiffe mit Denkmalcharakter erwirbt, restauriert und in Fahrt hält.
HADAG-Fähre Linie 62 bis Neumühlen

Strandperle

Die Strandperle ist eine charmant-rustikale Instanz direkt an der Elbe. In dem Imbiss, der sich zum Szeneladen entwickelt hat, treffen sich Jogger und Sonnenanbeter, um ein kühles Bier oder einen kleinen Snack zu genießen. Den angrenzenden Strandabschnitt erreicht man über eine Treppe mit 126 Stufen, genannt Himmelsleiter.
Övelgönne 60

Falkensteiner Ufer

Für viele Hamburger ist das Falkensteiner Ufer der schönste Strandabschnitt an der Elbe. An dem herrlich weitläufigen Strand zwischen Blankenese und Rissen kann man flanieren oder mit seinen Hunden toben. Er ist Teil eines Landschaftsschutzgebiets, das Ufer begrenzt den Wald an der Unterelbe.
Falkensteiner Ufer 58

STINTFANG

Die schönsten Plätze an der Alster

Alsterwiesen

Rund um die Außenalster befinden sich lauter Grünflächen, die zum Verweilen einladen – im Frühling unter wunderschönen Kirschblüten. Hier kann man grillen, eine Pause beim Joggen machen, den Hund ausführen und dabei die Segelboote und Alsterschwäne beobachten.

Fährdamm 13

Binnenalster

Die Binnenalster wird umsäumt von den weißen Fassaden und kupfergedeckten Dächern von Büro- und Geschäftshäusern aus der Gründerzeit. Die Lombardsbrücke und die Kennedybrücke teilen sie von der Außenalster. In der Mitte befindet sich auf einem Ponton die 60 Meter in die Luft speiende Alsterfontäne, im Winter liegen die Märchenschiffe vor dem Alsterhaus – ein Weihnachtshighlight für die ganze Familie mit Theater, Kinderschminken und Backen.

S- und U-Bahn-Station Jungfernstieg

Liebesinsel am Stadtparksee

Romantisch geht es auf der Liebesinsel am Stadtparksee zu. Hier gibt es den schönsten Bootsverleih Hamburgs mit liebevoll gestalteten Tret- und Ruderbooten. Von der Liebesinsel aus kann man mit einer Wasserstraßenkarte die Alsterarme erkunden, sich ein Eis kaufen und im Stadtparksee planschen.

Südring 5a

Alsterperle

Ehemals ein Klohäuschen, bietet die Alsterperle heute Open-Air-Gastronomie an. Hier hat man einen tollen Blick über die gesamte Alster – bei herrlichem Sonnenschein wie bei klirrender Kälte. Ein schnelles Brötchen bekommt man hier ebenso wie eine heiße Erbsensuppe.

Eduard-Rhein-Ufer 1

FÄHRE LOUISIANA STAR

Hafenrundfahrt & Fähren

Hafenrundfahrt klein & groß

Den Containerhafen, die Hafencity und die Fleete der Speicherstadt erkundet man am besten mit einem der Fahrgastschiffe oder mit einer kleinen Barkasse. Vorbei geht es an der Ellerhof-Schleuse und an den Reparaturdocks von Blohm & Voss – es gibt kurze und lange Hafenrundfahrten, Lichter- und Adventsfahrten.

Bei den St. Pauli-Landungsbrücken,
www.hamburg.de/hafenrundfahrt

HVV-Fähre Landungsbrücken–Finkenwerder–Teufelsbrück

In Hamburg gehören Fähren zum öffentlichen Nahverkehr. Und schöner als mit der Linie 62 von den Landungsbrücken über Finkenwerder und Teufelsbrück kann man eine Mittagspause nicht verbringen. Während man sich den Kopf vom kräftigen Wind durchlüften lässt, geht es am Fischmarkt vorbei Richtung Övelgönne bis nach Teufelsbrück. Oder man steigt in die Linie 64 und stattet Finkenwerder einen Besuch ab.

Bei den St. Pauli-Landungsbrücken

MS Mississippi Queen & Louisiana Star

Sie sind kitschig, laut und gehören zum Hamburger Hafen einfach dazu: Klammheimlich freut sich jeder Hamburger, wenn die hellblau-weißen Schaufelraddampfer an ihm vorbeituten. Sie fahren eine Stunde lang an der Speicherstadt entlang die Elbe hinauf bis zur Containeranlage Waltershof.

Bei den St. Pauli-Landungsbrücken 1,
täglich 11–16 Uhr

Bootsverleih und Stand-up Paddling

SUP Club Hamburg

Stand-up Paddling ist ein großer Trend auf der Alster geworden, viele Hamburger leihen sich die Ausrüstung im SUP Club, hier trainiert auch Wladimir Klitschko. Einen Kurs kann man hier mitten in Eppendorf am schönen Isekai, direkt unterhalb von NOAS Restaurant, absolvieren.

Bootssteg NOAS, Isekai 1,
www.supclubhamburg.de

Bobby Reich

Der Bootssteg von Bobby Reich ist bis über die Stadtgrenzen hinaus bekannt, hier werden Boote gelagert, vermietet und im dazugehörigen Restaurant Kaffee und Kuchen sowie leckere Speisen angeboten. Einen traumhaften Blick auf die Boote und die Alster hat man auf der Sonnenterrasse und natürlich auf dem schönen Holzsteg.

Fernsicht 2, www.bobbyreich.de

Bodo's Bootssteg

Hamburger zieht es im Sommer auf Bodo's Bootssteg, die Lage mit Blick auf die Segelboote zeigt Hamburg von seiner schönsten Seite. Hier gibt es frisch gezapftes Pils unter großen weißen Sonnenschirmen – für einen perfekt entspannten Sommernachmittag!

Harvestehuder Weg 1b

Nova Meierhenrich

Schauspielerin & Moderatorin

Alster oder Elbe?

Eigentlich heißt es für mich: Hauptsache Wasser! Aber tief im Inneren bin ich ein Elbe-Fan. Nichts geht darüber, einen Sommerabend mit Freunden an der Elbe zu sitzen, die Zehen im Sand, den Sonnenuntergang vor der Nase und den großen Tankern beim Auslaufen zuzuschauen. Irgendwie hat man das Gefühl, gleich da oben, wo das Schiff abbiegt, liegt das große weite Meer. Diese gefühlte Unendlichkeit, da gerate ich ins Träumen.

Ihr Lieblingsplatz an der Alster?

Wer im Sommer ein schönes Plätzchen zum Grillen sucht, ist an der Alster genau richtig aufgehoben. Aber wichtig: das Lager auf der Winterhuder Seite aufschlagen, die Stadt und den Sonnenuntergang vor der Nase. Dort ist man an warmen Abenden auch nie allein – rund um die *Alsterperle* frönen Hunderte dem rauchigen Vergnügen, und nicht selten werden zu späterer Stunde die Decken zusammengeschoben, weil man – mal wieder – etliche neue Leute kennengelernt hat. Toll!

Wo verbringen Sie den Hamburger Sommer?

An den Sommerwochenenden zieht es mich regelmäßig auf die andere Elbseite, um beim *Artville Festival* in verzauberter Atmosphäre in den Sonnenuntergang zu tanzen. Wer es etwas ruhiger und romantischer mag, sollte an den Abenden unbedingt mal bei den Wasserspielen in *Planten un Blomen* vorbeischauen – auch für ein Date sehr zu empfehlen.

Welches ist Ihr Hamburger Lieblingscafé und warum?

Nach langen Elbausflügen zieht es mich immer in *Lühmanns Teestube* in Blankenese – dort ist es wunderbar heimelig, und es gibt neben Klassikern wie Senfeiern oder Quiche den besten selbst gemachten Kuchen. Zum Frühstücken ist mein absoluter Favorit

Gretchens Villa im Karoviertel – Steffi macht einfach die leckersten Kreationen, und seit nebenan auch noch *Gretchens Zuckerbude* aufgemacht hat, bleiben keine Wünsche mehr offen!

Alsterperle – Eduard-Rhein-Ufer 1, Uhlenhorst / *Artville Festival* – Wilhelmsburg / *Planten un Blomen* – Jungiusstraße 1, Innenstadt / *Lühmanns Teestube* – Blankeneser Landstraße 29b, Blankenese / *Gretchens Villa & Gretchens Zuckerbude* – Marktstraße 142, Karoviertel

Hotels

25hours Hotel Hafencity

In diesem jungen Designhotel hat man Elbe, Hafencity, Speicherstadt und den Hamburger Hafen direkt vorm Fenster. Das hippe Interieur ist deshalb auch vom Hafen inspiriert. Hotelgästen stehen Sauna, Arbeitsbereich mit iMacs, Kiosk, Restaurant und Bar, Tiefgarage sowie kostenloser Mini- und Fahrradverleih zur Verfügung.

DZ AB CA. 107 EURO/NACHT
Überseeallee 5, Hafencity,
Tel.: 040/25 77 77-0,
www.25hours-hotels.com

25hours Hotel Altes Hafenamt

Direkt neben dem 25hours Hotel Hafencity gibt es einen nagelneuen weiteren Ableger der hippen Hotelgruppe. Im hoteleigenen Restaurant Neni kommt ostmediterrane Küche auf die Teller, die Cocktails dazu liefert eine Dependance der Hamburger Boilerman Bar.

DZ AB 135 EURO/NACHT
Osakaallee 12, Hafencity,
Tel.: 040/555 57 50,
www.25hours-hotels.com

East Hotel

Das Vier-Sterne-Superior-Designhotel liegt im Herzen von St. Pauli, in direkter Reeperbahn- und Dom-Nähe. Hier hat man die Qual der Wahl: Wellness im Mandarin Body & Soul Spa, entspannen auf der sonnigen Dachterrasse, dinieren im hervorragenden, hauseigenen Sushi-Restaurant oder tanzen im Upper East Club.

DZ AB CA. 99 EURO/NACHT
Simon-von-Utrecht-Straße 31, St. Pauli,
Tel.: 040/30 99 30, www.east-hamburg.de

Gastwerk

Die Architektur des ehemaligen Gaswerks aus Backstein und Stahl verleiht dem Hotel Gastwerk in Altona eine außergewöhnliche Atmosphäre. Die Industrieelemente sind an vielen Stellen noch zu erkennen und ergeben gemeinsam mit der modernen Einrichtung ein spannendes Zusammenspiel.
Zu „Hamburgs erstem Designhotel", das bereits im Jahr 2000 eröffnete, gehören ein sehr gutes Restaurant und ein Day Spa, in dem sich auch Treatments buchen lassen.

DZ AB CA. 100 EURO/NACHT
Beim Alten Gaswerk 3, Altona,
Tel.: 040/890 62-0, www.gastwerk.com

Henri

Das Hotel Henri, das – sehr praktisch – direkt in der Innenstadt Nähe Mönckebergstraße liegt, ist der junge Bruder des Fünf-Sterne-Hotels Louis C. Jacob. Im Henri trifft Retro-Einrichtung im Mad Men-Stil auf angenehme Lässigkeit. Statt Restaurant gibt es zum Beispiel eine chice Gemeinschaftsküche, in der sich jeder Gast wie zu Hause fühlen soll.

DZ AB CA. 120 EURO/NACHT
Bugenhagenstraße 21, Innenstadt,
Tel.: 040/55 43 57-557,
http://henri-hotel.com

Raphael Hotel Wälderhaus

Das ökologisch ausgerichtete Drei-Sterne-Superior-Hotel liegt auf der Elbinsel Wilhelmsburg und befindet sich im Wälderhaus, das ganzheitlich auf Nachhaltigkeit bedacht ist. Die modernen und gemütlichen Zimmer sind nach heimischen Baumarten benannt, und das hauseigene Restaurant Wilhelms bietet regionale Frische-Küche an. Obwohl man sich auf der anderen Elbseite befindet, ist die Innenstadt in nur rund 10 Minuten mit der S-Bahn zu erreichen.

DZ AB CA. 85 EURO/NACHT
Am Inselpark 19, Wilhelmsburg,
Tel.: 040/30 21 56 10-0,
www.raphaelhotelwaelderhaus.de

Side Hotel
Das Fünf-Sterne-Designhotel liegt mitten in der Innenstadt. Hier trifft geradliniges Design auf spannende Farbakzente – verantwortlich für die Inneneinrichtung ist der Mailänder Star-Designer Matteo Thun. Unbedingt besuchen: das Side Spa und die Sky Lounge mit Dachterrasse. Wer sich etwas Besonderes gönnen möchte, bucht eine „flying Suite" mit Blick über die Dächer von Hamburg.
DZ AB CA. 149 EURO/NACHT
Drehbahn 49, Innenstadt,
Tel.: 040/309 99-0, www.side-hamburg.de

Superbude Hostel
Wer auf der Suche nach einem günstigen Boutique-Hotel ist, sollte sich in der Superbude in St. Pauli in Schanzennähe einquartieren. Allein die Lobby des jungen und urbanen Hotels versprüht mit Vintagemöbeln und Industrielampen so viel gemütlichen Charme, dass man sich schnell wie zu Hause fühlt. Eine zweite Superbude liegt in St. Georg (Spaldingstraße 152).
DZ AB CA. 60 EURO/NACHT
Juliusstraße 1, St. Pauli,
Tel.: 040/80 79 15 82-0,
www.superbude.de

The George
Das Hotel The George trägt seinen Namen, weil es einerseits im Viertel St. Georg liegt und andererseits von britischem Chic inspiriert ist. Neben schweren Chesterfield-Sofas erwarten den Gast im Hotel ein Day Spa, ein italienisches Restaurant, eine Cocktailbar und ein großartiger Ausblick über die Außenalster von der Dachterrasse des Hotels.
DZ AB CA. 160 EURO/NACHT
Barcastraße 3, St. Georg,
Tel.: 040/28 00 30-0,
www.thegeorge-hotel.de

GASTWERK

25HOURS HOTEL HAFENCITY

Sightseeing

www.hamburg-tourism.de

TOUREN
www.pauli-tourist.de
www.hamburg-auskenner.de
www.hotrod-citytour-hamburg.com
www.hamburg.de/stadtfuehrung
www.hamburg-tours.com
www.abenteuer-hamburg.com

BOOT
www.barca-boat-events.de
www.hamburg.de/hafenrundfahrt
www.alstertouristik.de
www.alsterdampfer.de
www.hamburg-citytours.de
www.frauhedi.de
www.hvv.de

BUS
www.hamburg-stadtrundfahrten.com
www.hamburg.de/stadtrundfahrt
www.die-roten-doppeldecker.de

Tickets

www.funke-ticket.de
www.stage-entertainment.de
www.hamburg-tourism.de
www.fcstpauli.com
www.eventim.de
www.hanseplatte.de

Veranstaltungen & Partys

www.hamburg.mitvergnuegen.com
www.hamburg-magazin.de
www.kulturlotse.de
www.hamburg.de
www.heuteinhamburg.de
www.hh-er-leben.de

Verkehrsmittel

ÖFFENTLICHE VERKEHRSMITTEL
www.hvv.de
www.der-metronom.de

TAXIS
Hansa-Taxi
Tel.: 040/21 12 11, www.taxi211211.de
Taxi Hamburg
Tel.: 040/66 66 66, www.taxihamburg.de

FAHRRAD, RIKSCHAS & RADWEGE
StadtRad Hamburg
Tel.: 040/82 21 88 10-0,
www.stadtrad.hamburg.de
Zweiradperle
Tel.: 040/30 37 34 74,
www.zweiradperle.hamburg
Fahrradtaxi Pedalotours
Tel.: 0177/736 70 42,
www.rikschatours.de
Elberadweg
www.elberadweg.de

Instagram & Hashtag
@welovehh & #welovehh

EINE KLEINE VIERTELKUNDE

ALTONA Altona ist ein kleines entspanntes Dorf mit einer Menge Multikulti-Flair. Herzstück ist die Ottenser Hauptstraße mit vielen kleinen und großen Geschäften, Biomärkten, Bars und türkischen Imbissen. Das Beste an Altona ist, dass die Elbe nur einen Katzensprung entfernt ist!

ALTSTADT In Hamburgs Altstadt treffen historische Orte wie das Chilehaus oder die Deichstraße auf zahlreiche Galerien mit zeitgenössischer Kunst. Die Speicherstadt ist gleich nebenan.

BLANKENESE Einst ein kleines Fischerdorf, ist Blankenese heute der Wohnsitz der gut betuchten Hamburger – hier reiht sich eine beeindruckende Villa an die nächste. Bei dem Blick auf die Elbe und die wunderschönen Elbparks kann man es ihnen schwer verdenken.

EIMSBÜTTEL In Eimsbüttel, auch bekannt als Eimsbush, geht es locker zu. Hier wohnen entspannte Eimsbütteler, die gern ihren Kaffee und Lunch in den zahlreichen Cafés und Restaurants genießen.

EPPENDORF Das chice Eppendorf ist mit seinen vielen hübschen Stadtvillen, Jugendstilhäusern und dem berühmten Isemarkt heiß begehrt und wird vorrangig vom wohlhabenden Teil der Bevölkerung bewohnt.

GRINDELVIERTEL Hübsch und charmant ist das Grindelviertel, einst Zentrum der jüdischen Gemeinde. Hier gibt es kleine süße Geschäfte, exzellente Restaurants und das wunderbare Abaton-Kino.

HAFENCITY Die Hafencity ist die Zukunft Hamburgs, die Stadtentwicklung an der Waterfront. Hier reiht sich ein verglaster Prachtbau – mit unbezahlbaren Eigentumswohnungen – an den nächsten. Dazu gesellen sich die Elbphilharmonie, der Marco-Polo-Tower und die Magellan-Terrassen.

HOHELUFT Herzstück des Hoheluftviertels ist das sogenannte „Generalsviertel". In den allesamt nach Generälen benannten Straßen stehen herrschaftlich-schöne Altbauten, die Ende des 19. Jahrhunderts erbaut wurden.

INNENSTADT Tagsüber pulsiert in der Hamburger Innenstadt das Leben – rund um den Jungfernstieg, den prächtigen Neuen Wall und die Mönckebergstraße kann man shoppen bis zum Umfallen.

KAROVIERTEL Das alternative Herz Hamburgs schlägt im Karoviertel, das Herzstück ist die Marktstraße mit vielen kleinen Läden und Cafés. Ein paar Punks sieht man hier auch noch rumlaufen – auf dass sie lange bleiben mögen!

NEUSTADT Die Neustadt ist im Kommen – das haben auch viele Galerien und kleine Designstores entdeckt, die sich hier nach und nach ansiedeln. Rund um den Michel sind die Mieten in den kleinen Straßen für Hamburger Verhältnisse noch einigermaßen leistbar. Entsprechend bodenständig geht es auf den Straßen zu.

OTTENSEN Ottensen ist authentisch bis teilweise alternativ und somit extrem beliebt. Gemüsekioske, viele Bars und Restaurants reihen sich an Weinläden und kleine Buchhandlungen.

ROTHENBURGSORT Industriegebiet meets Hafenflair: Rothenburgsort ist ein rauer Stadtteil mit grünen Oasen – im Sommer unbedingt den Entenwerder Elbpark besuchen!

ROTHERBAUM Der bekannteste Teil des teuren Rotherbaumviertels ist das Quartier Pöseldorf: Hier wohnen Hamburgs Reiche in ihren Alster-Residenzen.

ST. GEORG St. Georg ist die Hamburger Hochburg der Schwulenszene, die sich am Wochenende ihren Kuchen am liebsten im Café Gnosa schmecken lässt. Auf der Langen Reihe kann man gut shoppen und essen gehen.

ST. PAULI St. Pauli hat in den letzten Jahren viel an Authentizität verloren. Besserverdienende haben das ehemals charmant-heruntergekommene Viertel für sich entdeckt, die Mieten in die Höhe getrieben und alteingesessene Kiez-Urgesteine verdrängt. Ein paar Schmuddelecken gibt es aber zum Glück noch.

STERNSCHANZE Einst Hoheitsgebiet der linksalternativen Gegenkultur, deren Keimzelle die Rote Flora ist, wurde das ehemals dunkle Pflaster von der Gentrifizierung erfasst. Heute wird vorwiegend geshoppt, Kaffee geschlürft und Leute geschaut. Aber Vorsicht, manchmal brennt der Asphalt hier immer noch!

UHLENHORST Östlich der Außenalster liegt das schöne Uhlenhorst. Wo früher Lastkähne angelegt haben, geht man heute in chice Bars und Restaurants.

WILHELMSBURG Die stiefmütterlich behandelte Elbinsel hat sich in letzter Zeit gemausert – mit der Internationalen Bauausstellung und der Internationalen Gartenschau zog die Moderne ein. Jetzt machen weitläufige Gartenanlagen und architektonische Wunderbauten Wilhelmsburg zu einem beliebten Ausflugsziel – zum Glück noch mit rauem Hafenarbeiter-Flair.

WINTERHUDE Rechts von der Alster liegt das putzige Winterhude. Das kleine Dörfchen wird durchzogen von den schönen Alsterarmen Osterbekkanal und Goldbekkanal, die man am besten mit dem Boot erkundet. Gesehen und gesehen werden heißt es am bekannten Straßenzug Mühlenkamp.

— LISA VAN HOUTEM

KATHARINA CHARPIAN

ist seit vielen Jahren als freie Journalistin und Stylistin für große Print- und Onlinemagazine wie *Maxi, Neon, Blonde* und *Brigitte.de* tätig. Von 2012 bis 2015 hat sie das Moderessort des Interior- & Fashion-Magazins *COUCH* aufgebaut. 2010 hat die Hamburgerin außerdem das Mode- und Reiseblog *I ♥PONYS Magazine* (www.iloveponysmag.com) gegründet, das zu den bekanntesten Blogs Deutschlands zählt. In Kooperation mit Mercedes Me hat sie mehrfach Pop-up-Stores mit lokalen Designern in Hamburg veranstaltet. In diesem Guide verantwortet sie die Rubriken „Mode & Shopping", „Interior & Design" sowie „Ausflüge & Erholung".

LISA VAN HOUTEM

ist gebürtige Hamburgerin, hat ihre Heimat für zwei Jahre mit einer Berlin-Affäre betrogen und wird so schnell nicht wieder aus der schönsten Stadt der Welt wegziehen. Die Kommunikationswirtin arbeitet nach Stationen in Redaktionen und Produktmanagement bei Hubert Burda Media und dem Gruner+Jahr Verlag als freie Journalistin. Für den Guide hat sie die besten Tipps zu Nachtleben, Kunst und Kultur, Architektur und Hamburg am Wasser zusammengetragen.

ANNA WEILBERG

zog nach ihrem Magisterstudium der Medienwissenschaft, Anglistik und Japanologie in Deutschland und England – und einer Station in München als Diplomandin bei Hubert Burda Media – für eine Stelle als Redakteurin nach Hamburg. In der Hansestadt fühlte sie sich sofort sehr wohl. Seit 2015 arbeitet sie als freie Journalistin. Sie ist in diesem Reiseführer für die Kapitel „Essen & Trinken" sowie „Beauty & Entspannung" zuständig.

FEMTASTICS

Zusammen betreiben die drei Journalistinnen seit Mai 2015 sehr erfolgreich *femtastics.com,* das digitale Magazin für Girlpower. In multimedialen Home- und Workstorys mit ausführlichen Interviews stellt das Trio inspirierende Frauen und ihre ganz unterschiedlichen Lebensstile vor. Spannende Kurzinterviews und persönliche Themenwochen runden die *femtastics*-Welt ab.

NICOLE ADLER

schreibt seit vielen Jahren als Modejournalistin und Autorin für Magazine und Tageszeitungen. U. a. als Moderessortleiterin für *Diva* und *Kurier* und als Beauty-Editor at Large für das Magazin *Flair*. Sie ist Lektorin an der Universität Wien und Herausgeberin der erfolgreichen City-Guide-Reihe *for Women only*.

PELLE BUYS

Durch und durch gebürtiger Hamburger und professioneller Autodidakt, beschäftigt sich Pelle Buys mit allen Ausdrucksformen der Kunst – von Fotografie über audiovisuelle Performance bis hin zur Malerei. Tagsüber fotografiert er für Lifestyle-Titel und dokumentiert die Szene Hamburgs, nachts fungiert er als Party-Veranstalter und ist als DJ seit vielen Jahren aus dem Hamburger Nachtleben nicht mehr wegzudenken.

Unser Dank geht an:
Sven Hoffmann für das Porträt von Iris von Arnim
Sandra Semburg für das Porträt von Sue Giers
Linda David für die Porträts von Ini Neumann & Vera Heimsoth
Katrin Schöning für das Porträt von Eveline Hall
Janna Tode für die Porträts von Maria Gresz & Melanie-Jasmin Jeske

Bildnachweise:
S. 6 Tina Herzl, S. 8 Anna Wegelin, S. 12, S. 17 Chanel, S. 16 Apropos, S. 17 UZwei, S. 20 Kleiderei, S. 22 Yelda Yilmaz, S. 23 Anna Wegelin, S. 26 Annika Karrenbauer, Xenia Bous, S. 27 VIU Eyewear, S. 34 Perle, S. 38 Lys Vintage, Plyground, S. 42 Pliet, Janne Peters, S. 43 Freundts, S. 50 Perle, S. 54 LUV, S. 55 Schön & Ehrlich, S. 61 Kleinerdrei, S. 70 Hej Papa, S. 73 David Vahabi, S. 74 Mali Lazell, Bistro Carmagnole, S. 77 Klaus Frahm, Anna Weilberg, S. 78 Julia Maria Max, S. 79 Mali Lazell, S. 83 Tornqvist Coffee, S. 84 Luicella's Eis, S. 85 Sandra Lachner, S. 86 Lebeleicht Hamburg, S. 87 Michael Holz, S. 88 Mehl, S. 89 Cuneo, S. 92 Café Paris, S. 93 Witwenball, S. 94 Hej Papa, S. 95 Petit Amour, Kleine Brunnenstraße 1, S. 98 Coast by East, Studio Lassen, S. 99 Alpenkantine, S. 103 Pieter Pan Rupprecht, David Burghard, S. 106 Chapeau, S. 108 Marktzeit Hamburg, S. 111 Tim Ohnsorge Photography, S. 115 Thomas Kosikowski, S. 117 clouds – Heaven's Bar & Kitchen, S. 118 Cyrus Saedi, S. 126, 136, 150 Fabian Hammerl, S. 130 Uppereast, S. 132 Knotenpunkt Festival/Tintinpatrone, S. 135 Gerolf Mosemann, S. 143 Sammlung Falckenberg, S. 151 Knotenpunkt Festival/Tintinpatrone, S. 153 Soumita Bhattacharya, S. 156 Aesop, S. 160 Bellapelle, S. 169 shutterstock/ajlatan, S. 175 Zweite Heimat Hotel, S. 176 Suse Multhaupt, S. 184 Götz Berlik, S. 185 Heide Park Soltau, Grand Hotel Heiligendamm, S. 187 Mirjam Klessmann, Beach Motel, S. 199 Hotel Gastwerk, 25hours Hotel Hafencity.

Bibliografische Information der Deutschen Nationalbibliothek:
Die Deutsche Nationalbibliothek verzeichnet diese Publikation in der Deutschen Nationalbibliografie; detaillierte bibliografische Daten sind im Internet über http://dnb.d-nb.de abrufbar.

1. Auflage

Fotografie: Pelle Buys
Grafikdesign: Mitra Farahmand & Christine Fischer
Lektorat: Gudrun Likar
Bildbearbeitung: Pixelstorm Wien
Projektleitung: Barbara Blaha

Papier: Munken Polar 120 g/m²
Gedruckt in der EU

ISBN 978-3-85033-989-6

Christian Brandstätter Verlag
GmbH & Co KG
A-1080 Wien, Wickenburggasse 26
Telefon (+43-1) 512 15 43-0, Telefax (+43-1) 512 15 43-231
E-Mail: info@brandstaetterverlag.com
www.brandstaetterverlag.com

XXX
SHOP